AF467802

LA LUTTE
CONTRE LE MAL

31212

8° R.
14868

OUVRAGES DU MÊME AUTEUR

La France républicaine. Études constitutionnelles, économiques, et administratives, 1 vol. in-12 de la *Bibliothèque d'histoire contemporaine* (Félix Alcan). . . . 3 fr. 50

L'Algérie, 3e édition (Félix Alcan), 1 vol. in-12. . 3 fr. 50

La Réaction économique et la démocratie, 1 vol. in-12. 1891 (Félix Alcan). . . . . 1 fr. 25

Louage d'industrie, mandat et commission, 1 vol. in-8, 1856 (Durand).

De l'état actuel du protestantisme en France, 1 vol. in-12, 1857 (Cherbuliez).

Histoire de l'impôt en France, 1867-68-76, 3 vol. in-8 (Guillaumin).

Le matérialisme contemporain, 1 vol. in-12, 1869 (Sandoz et Fischbacher).

Cinq mois à l'Hôtel de Ville, septembre 1870-février 1871, 1 vol. in-8, 1872 (Guillaumin).

CHARTRES. — IMPRIMERIE DURAND, RUE FULBERT.

LA LUTTE
CONTRE LE MAL

PAR

J.-J. GLAMAGERAN

SÉNATEUR

PARIS
ANCIENNE LIBRAIRIE GERMER BAILLIÈRE & Cie
FÉLIX ALCAN, ÉDITEUR
108, BOULEVARD SAINT-GERMAIN, 108

1897
Tous droits réservés

Who would lose,
Though full of pain, this intellectual being,
Those thoughts that wander through eternity,
To perish rather swalowed up and lost
In the wide womb of uncreated night,
Devoid of sense and motion.

(*Milton's Paradise lost*, book II.)

Qui voudrait perdre, — quoique plein de souffrance, cet être intellectuel, — ces pensées qui errent à travers l'éternité, — préférant périr englouti et perdu, — dans le vaste sein de la nuit incréée, — privé de sentiment et de mouvement.

(Discours de Bélial, dans le liv. II du *Paradis perdu de Milton.*)

LA LUTTE CONTRE LE MAL

PRÉAMBULE

L'homme est sans cesse en face de maux qui, sous les formes les plus diverses, le menacent, le tourmentent ou le frappent: la misère, la maladie, les infirmités, la folie, la mort, l'ignorance, le vice, le crime, les affections contrariées, les deuils. Il trouve le mal en lui, il le retrouve au dehors, dans toutes les phases de son existence, partout où il est, partout où il se transporte, dans les pays les plus riants, les plus délicieux par leur climat, leur flore, leurs productions, comme dans les régions les plus tristes, assombries par les brouillards, glacées par le froid ou brûlées par le soleil et dénudées par la sécheresse.

Malgré tant de souffrances, rarement il désespère. Ceux-là mêmes qui professent le pessimisme le plus noir ne le prennent presque jamais à la lettre. Souvent ils se jouent des naïfs auxquels ils infligent leurs doctrines désolantes et leurs mots cruels. Les plus sérieux puisent dans leurs plaintes, dans leurs lamentations une joie amère qui les soutient. L'immense majorité des êtres humains lutte contre le mal, avec l'espoir, sinon de le supprimer, du moins de l'atténuer, espoir toujours vivace qu'aucune déception ne détruit radicalement.

La lutte consiste soit à prévenir le mal par le travail, l'étude et la prudence, soit à le combattre par la force, soit à le guérir et à l'amoindrir par des soins appropriés. S'il est inéluctable, la patience et la résignation émoussent son acuité, la poésie et l'art le transfigurent en l'idéalisant. A mesure que la civilisation progresse, les moyens préventifs prédominent. Les sauvages opposent à la douleur un courage stoïque. Les peuples civilisés ont peut-être moins d'endurance, mais ils s'évertuent davantage pour écarter les causes du mal.

Dans tous les cas, la lutte suppose une volonté ferme et énergique, pressée par le besoin, aiguillonnée par la passion, éclairée, dans une mesure plus ou moins grande, par la raison. Cette volonté peut être individuelle ou collective : individuelle, si l'homme agit, non pas isolément, car l'isolement absolu est impossible, mais par lui-même, pour son compte personnel, à ses risques et périls, faisant appel à ses propres ressources, sans invoquer la solidarité pour obtenir l'aide d'autrui ; collective, si cette volonté est exprimée au nom d'un groupe d'êtres humains librement liés par un accord mutuel, ou soumis à une autorité commune munie d'un pouvoir coercitif qu'ils acceptent ou subissent sans résistance. De là, trois modes d'action : l'effort individuel, l'activité concertée de l'association libre et l'intervention du pouvoir social.

Nous nous proposons d'examiner tour à tour chacun de ces modes dans l'ordre suivant : l'effort individuel, le pouvoir social et l'association libre. Nous essaierons d'en décrire le rôle, d'en apprécier l'efficacité et la portée, d'en déterminer les limites, d'en montrer l'harmonie possible et d'indiquer, avec toutes les réserves que comporte un pareil sujet, leur extension ou leur restriction probables dans l'avenir.

PREMIÈRE PARTIE

L'EFFORT INDIVIDUEL.

I. — Dédain mal justifié de l'initiative individuelle. Exemples de son efficacité.

On dédaigne beaucoup aujourd'hui l'effort individuel. En théorie, plus que dans la pratique, heureusement, on grossit outre mesure le rôle de l'inconscient, de l'impulsion irréfléchie, de l'intinct aveugle, on se plait à croire que la fatalité nous domine, qu'on ne peut rien ou presque rien contre elle. Dans les livres, dans les revues, dans les journaux, au théâtre, dans les réunions publiques, les conférences, les conversations privées, ce courant d'idées se fait de plus en plus sentir, et, comme l'inertie nous répugne, on admet que l'activité collective peut se substituer pleinement à l'activité individuelle : l'État-Providence suffit à tout.

Ce dédain et ces théories sont-ils justifiés par les faits? Quelques rares personnes, sans doute, attirent la fortune en dormant. D'autres, plus nombreuses, souffrent de maux immérités, causés par un concours extraordinaire de circonstances défavorables. Ce sont là des exceptions. En général, les succès de toutes sortes, dans les choses de l'esprit, comme dans les choses de l'ordre économique et sur le terrain militaire, sont préparés, médités, dus à la supériorité personnelle des hommes engagés dans les études, les entreprises, les travaux et les conflits qui ont amené, non sans peine, des résultats heureux. L'observation des faits les plus simples, les plus usuels, se joint à l'histoire pour l'attester.

Prenez autour de vous des exemples parmi les paysans, les ouvriers, les commerçants, les industriels, les avocats, les médecins, les savants, les lettrés, les artistes qui sont arrivés à la réputation, à l'aisance, étudiez de près leur passé, vous verrez ce que leur succès représente de labeur, de soucis, d'énergie, de persévérance et de talent. Vous avez sous les yeux une usine, une exploitation quelconque prospère entre les les mains d'un homme qui s'en occupe sérieusement. Quelque temps après, la même usine, la même exploitation est en pleine décadence. Qu'est-il arrivé? Elle a passé à des héritiers incapables, insouciants, distraits et énervés par le plaisir.

Tous ceux qui ont voyagé dans des pays réputés dangereux, qui se sont risqués sur des glaciers, qui ont pénétré dans les déserts sans eau, séjourné parmi des tribus pillardes, traversé des défilés où les brigands vous guettent, savent que ces voyages donnent lieu à beaucoup moins d'accidents qu'on ne serait disposé à le croire, que souvent même là où les accidents se produisent c'est précisément dans les endroits qui paraissent le moins dangereux. Pourquoi? Parce que, là où le danger est imminent, on prend des précautions, on est alerte, vigilant et qu'on se relâche de cette tension physique et morale, là où l'on se croit à l'abri.

Parcourez maintenant l'histoire. Les peuples et les souverains tombent ou s'élèvent par des causes qui sont presque toujours les mêmes, causes nombreuses parmi lesquelles une des plus saisissantes est celle-ci : tantôt ils recherchent pour leurs chefs ou pour leurs auxiliaires des hommes d'une grande valeur ; tantôt ils acceptent pour diriger leurs affaires des hommes nuls par eux-mêmes qui les flattent et auxquels ils se figurent qu'en les choisissant ils leur donneront d'emblée la supériorité qui leur manque. Quelquefois même ils vont jusqu'à croire qu'un homme en vaut un autre, qu'il est inutile de distinguer entre eux, et les préférences, car il en subsiste toujours, vont naturellement à ceux qui savent plaire.

Le règne de Louis XIV, divisé en deux périodes si différentes, fait ressortir avec un relief incomparable ce double enseignement et, sous ce rapport, bien des démocraties, petites et grandes, ressemblent au roi-soleil. Il leur arrive maintes fois de laisser dans l'ombre une élite qui leur rendrait des services éminents et d'appeler au pouvoir des bavards prosternés devant elles, qui ne doutent de rien et promettent tout.

II. — Maîtrise de soi-même.

La puissance de l'individu, pour lui-même et pour les autres, étant constatée, il n'est pas nécessaire, au point de vue pratique, de trancher la question si délicate, si controversée du libre arbitre. Tout le monde est d'accord pour reconnaître que les motifs sont une force, force qui incline par voie de persuasion ou qui entraîne et contraint, force irrésistible ou non, mais une force, quelle que soit sa nature, dont il faut tenir compte. Il est rare que ces motifs soient purement rationnels. Parmi ceux qui ne le sont pas, il y en a d'un ordre inférieur, grossièrement égoïstes; d'autres, au contraire, semblent s'élever au-dessus de la raison, dictés par le cœur et la conscience ; mais les uns et les autres peuvent être coordonnés, hiérarchisés, harmonisés dans une certaine mesure et c'est là encore l'œuvre de la raison. Ainsi éclairé, l'homme a une règle ou plutôt un ensemble de règles qui dirige ses actes et il atteint alors un très haut degré de puissance qui aura besoin, il est vrai, d'être garanti et assuré par l'intervention du pouvoir social, mais qui ne sera dépassé qu'à l'aide de certains groupements volontaires combinés de manière à ne pas asservir l'individu, sous prétexte de le fortifier.

Si l'homme n'est pas maître de lui-même, la science, avec ses merveilleuses applications, n'augmente pas son bien-être réel, elle ne fait que substituer un mal à un autre. Elle met à sa disposition des ressources nouvelles. A quoi bon ? Elles l'aident à descendre plus facilement des pentes funestes. L'alcool plus abondant crée l'alcoolisme. Les machines mal surveillées par un personnel indolent ou indiscipliné font explosion et écrasent ceux qui s'en servent. Pour que la victoire sur les obstacles extérieurs soit vraiment profitable, il faut que les caractères soient fortement trempés et que le progrès des mœurs accompagne ou suive de près le progrès industriel.

III. — Grandeur morale de l'homme. — Son développement progressif et ses effets.

La vie au jour le jour ne comporte qu'une moralité bien restreinte. Cependant savoir supporter avec courage le présent quand il est pénible, en jouir avec bonne humeur, avec esprit quand il est agréable, c'est déjà quelque chose et cette sorte de moralité n'est pas à dédaigner. Combien d'hommes empoisonnent leur joie et celle des autres par le parti pris de tout dénigrer, ou la troublent par la violence brutale de leurs passions ! Combien aussi par leurs défaillances aggravent leurs maux et fatiguent de leurs plaintes leur entourage !

Quand l'homme, au lieu de se borner au présent, envisage l'avenir, il s'élève tout à coup dans une sphère supérieure et il grandit en proportion même de la portée plus ou moins lointaine de ses prévisions. C'est comme un être nouveau qui naît en lui, un être qui a le sentiment de sa permanence à travers le temps, qui comprend que toutes les phases de sa vie forment un ensemble solidaire, qui s'intéresse étant jeune à ce qu'il sera dans l'âge mûr et dans la vieillesse, qui ne craint pas d'entreprendre des travaux de longue haleine, qui se maîtrise, se retient, se prive même, au besoin, en vue d'un résultat ultérieur, en dépit des fatigues, des dangers, des soucis, des responsabilités, des incertitudes inhérents à une œuvre prolongée.

A mesure que l'homme grandit moralement, les conditions de la lutte contre le mal se modifient à son profit. L'état pastoral succède à la vie sauvage. L'agriculture, l'industrie, le commerce apparaissent et s'étendent d'autant plus que les capitaux, c'est-à-dire les réserves accumulées, permettent d'attendre plus longtemps des produits plus riches, mais plus tardifs. La famille se constitue. On se préoccupe de l'hygiène et des bonnes mœurs. La littérature et l'art mêlent leurs enchantements aux dures réalités de la vie. La science enfin substitue ses méthodes rigoureuses aux tâtonnements primitifs, elle préside de près ou de loin à tous les travaux, elle représente elle-même un travail d'une espèce particulière, travail purement cérébral, plus intense qu'aucun autre, stérile en apparence au moment où il s'effectue, et ce moment est quelquefois très long, prodigieusement productif, bien au delà de tout ce qu'on peut imaginer, si on le juge au bout d'un certain laps de temps, quand on commence à entrevoir les voies nouvelles qu'il nous ouvre et le surcroît de bien-être qu'il nous apporte.

IV. — Accord fréquent de l'intérêt personnel et de l'intérêt général. — Vues étroites et vues lointaines.

Entre l'intérêt personnel largement compris et l'intérêt général, l'accord est fréquent, sinon infaillible. Le conflit provient presque toujours de vues étroites et basses. Ce qui est rare, c'est d'apercevoir l'accord réel au second plan, quand le conflit est au premier. Le même état mental qui nous dérobe notre propre intérêt dans l'avenir, nous empêche de voir l'accord final entre notre intérêt et celui de nos semblables.

Les conflits frappent les yeux des moins clairvoyants. La littérature s'en empare, parce que tour à tour tragiques ou comiques, ils saisissent l'imagination. Les utopistes les exagèrent pour justifier leurs plans chimériques. Tous ceux qui ont un caractère faible, une âme corrompue, une intelligence de peu de portée, tirent de ces conflits une excuse, ou même une glorification, de leur conduite. On laisse volontiers dans l'ombre les faits qui démontrent à la fois et la possibilité de l'accord et ses conditions.

Est-ce que l'esprit d'entreprise, tant célébré par les Américains, qui découvre des ressources inconnues ou négligées et sait en tirer parti, est-ce que l'esprit d'épargne qui forme les capitaux, qui nous assure contre l'infirmité et la vieillesse, est-ce que le sang-froid dans les crises, est-ce que l'énergie au travail, est-ce que la loyauté dans les transactions qui, à la longue, donne la confiance, est-ce que les égards pour nos collaborateurs qui facilitent nos rapports avec eux, est-ce que la bienveillance, l'aménité sont inutiles au point de vue purement personnel et est-ce qu'en même temps, ces dispositions morales, ces efforts, ces concessions, ces hardiesses, cette prévoyance ne sont pas profitables à l'ensemble de la Société ?

Un grand progrès sera accompli le jour où l'on comprendra mieux la possibilité de concilier l'intérêt général avec l'intérêt personnel. Déjà, dans notre civilisation encore très imparfaite, celui qui recherche cet accord y trouve un avantage durable ; ceux au contraire qui vivent en parasites, qui exploitent les vices, qui font le métier de duper leurs semblables, qui tentent des accaparements, finissent maintes fois d'une manière misérable, par la ruine, par le suicide, accablés sous le poids du mépris public. Que serait-ce si nous avions des mœurs plus viriles, une plus grande sévérité de l'opinion, moins de crédulité, plus de clairvoyance et de plus longues prévisions ! Le difficile, à vrai dire, n'est pas de passer de la morale de l'intérêt personnel à celle de l'intérêt général, mais d'une conception bornée à une conception plus ample de l'intérêt de chacun.

V. — Direction de l'effort selon les aptitudes de l'individu et le but qu'il poursuit. — Rôle essentiel des qualités secondaires.

L'effort individuel, pour produire tous ses effets, ne doit pas seulement être accompagné de prévision, il faut qu'il soit convenablement dirigé. Il met en jeu des facultés multiples qui ne sont pas toutes, dans chaque cas particulier, également propres à atteindre le but qu'on poursuit.

On entend dire souvent : un tel est bon, il est intelligent, il est travailleur et cependant il ne réussit pas. Il ne réussit pas parce qu'il n'a pas les aptitudes voulues pour l'œuvre entreprise par lui. Il lui manque, par exemple, une qualité secondaire, mais absolument essentielle dans certaines affaires, il n'a pas d'ordre, il est inexact ou distrait. Il pourra être un poète, un artiste, un savant, ou, dans une situation plus modeste, un honnête ouvrier, il ne sera pas un négociant ou un industriel ; quelque métier qu'il exerce, il arrivera difficilement à l'aisance et, l'aisance une fois acquise, il ne saura pas la garder.

De grandes facultés sont compromises, dans de nombreuses circonstances, par le manque de qualités d'un ordre secondaire. Avant de se plaindre, il faudrait y songer, d'autant plus que ces qualités secondaires ne sont pas aussi indépendantes de notre volonté que des qualités d'ordre supérieur.

VI. — Conflit entre l'intérêt personnel et l'intérêt général. — La conscience et le devoir. — Le sublime dans l'homme.

Quelque bien dirigé que soit l'effort individuel, il est possible néanmoins qu'il échoue ; quelle que soit la hauteur des vues qui président aux travaux d'un être humain, il est possible qu'il y ait conflit entre l'intérêt personnel et l'intérêt général. Ces deux intérêts, bien compris, se rapprochent sans se confondre. Il est des circonstances même où un abîme les sépare, c'est quand la famille, le groupe social ou amical dont nous faisons partie, la patrie, l'humanité exigent le dévouement complet, absolu, allant jusqu'au sacrifice de la vie.

Alors du sein de notre conscience surgit une force nouvelle : la morale du devoir, la morale entièrement désintéressée nous apparaît dans son austère grandeur. Elle ne conseille pas, elle ordonne. Elle seule subsiste quand la morale utilitaire, arrivée à son extrême limite, nous laisse suspendus entre notre propre salut et le salut des autres. Et même dans les cas les plus ordinaires où elle ressemble par ses applications, sinon par son mobile, à la morale utilitaire, elle la vivifie, elle l'ennoblit, elle l'éclaire, elle l'affermit, elle lui donne une chaleur et une efficacité qu'elle n'avait pas. Par elle nous nous sentons liés à un ensemble d'êtres, dont nous sommes une partie infime, ensemble qui nous est supérieur, que nous sommes tenus de respecter et d'aimer plus que nous-mêmes, sous peine de déchoir, de tomber de chute en chute au niveau ou au-dessous de l'animalité.

Là est le sublime de l'homme. Sa personnalité, quand il agit sous l'empire du devoir, n'est pas amoindrie, comme elle le serait sous l'empire d'une autorité coercitive, sous le coup d'une contrainte matérielle, elle est au contraire exaltée. L'homme est alors plus libre, plus conscient que jamais, plus grand aussi, il joue vraiment le rôle d'un dieu, il prend part à la lutte du bien contre le mal, non comme individu isolé, mais comme le représentant auguste de tous les êtres pour qui il se dévoue.

VII. — Nécessité de combiner la morale utilitaire avec la morale du devoir.

La morale du devoir, bien qu'elle puisse régir la vie entière, depuis ses fonctions les plus humbles jusqu'à ses plus hautes manifestations, ne dispense pas cependant d'examiner et de peser les considérations tirées de l'intérêt personnel. Elle nous dit, d'une façon très nette et très impérieuse, que nous devons, à tout prix, agir en vue de l'ordre universel ; mais pour préciser la nature des actes qu'elle nous demande, il faut savoir en quoi consiste l'intérêt général expression de l'ordre universel, dans les limites où notre intelligence nous permet de le comprendre, et la connaissance de l'intérêt général repose sur l'observation des besoins, des tendances, des intérêts personnels dont il est en quelque sorte la résultante.

Il ne suffit pas de vouloir le bien : il faut savoir le faire, ce qui n'est pas toujours facile. Souvent en voulant le bien, on fait le mal, par ignorance, par manque de réflexion, par une pénétration d'esprit insuffisante. On veut soulager la misère et on l'aggrave. On veut instruire les autres et on surcharge inutilement leur intelligence, ou on leur communique des idées fausses. On veut protéger les faibles, on les opprime et on les dégrade. On témoigne à ses enfants une tendresse passionnée, à force de les aimer, on les gâte, on jette au milieu du monde des oisifs, des parasites, des viveurs. On veut glorifier sa patrie, on la compromet dans de bruyantes démonstrations, on la rend odieuse aux autres peuples, on la lance dans des entreprises téméraires, mal conçues, inopportunes.

Ici, comme en tout, la raison doit intervenir. Le sentiment le plus honnête, le plus louable, le plus noble a besoin d'être éclairé et rectifié par la raison. Serait-on prêt aux derniers sacrifices, on n'a pas rempli tout son devoir si l'on ne s'est pas donné la peine de reconnaître ce que vaut la cause pour laquelle on se dévoue et quelles seront les conséquences de notre conduite pour le bien réel de nos semblables.

VIII. — Propagande de la morale. — L'exemple.

Quels sont les moyens de propager la morale? En dehors de l'action exercée par le pouvoir social et par les associations libres, il y a l'exemple, l'éducation dans la famille et la part que chacun de nous prend de diverses manières à la formation de l'opinion publique.

De tous ces moyens le plus efficace est l'exemple. Avec lui, on pourrait à la rigueur se passer des autres. Sans lui, les autres ne produisent qu'un effet médiocre. Par lui, le bien resplendit et rayonne, le devoir sort de la sphère des abstractions, il s'incarne, il est vivant, il se laisse toucher, il révèle aux plus insensibles sa force et sa beauté, il introduit visiblement dans la réalité, sous une forme saisissante, une portion de l'idéal.

IX. — L'éducation.

Il est presque impossible au père de famille d'obtenir, pour ses enfants, une culture intellectuelle qui ne soit pas trop défectueuse, sans l'intervention de l'État ou des associations libres. Il n'en est pas de même de l'éducation proprement dite qui a pour objet essentiel de former les caractères. Ici l'influence de la famille est prédominante.

L'effort individuel rencontre, il est vrai, dans de certaines circonstances, deux grands obstacles qui peuvent en compromettre les résultats : la misère et l'opulence. Les nécessités de la vie absorbent les forces des parents tombés dans la misère et les détournent de leur tâche éducatrice. Les enfants élevés au sein de l'opulence sont peut-être plus exposés encore à la corruption : la plupart des gens qui les entourent ont intérêt à annihiler leur personnalité pour mieux les exploiter et à les rendre vicieux parce que le vice engendre la dépense.

Ces obstacles sont terribles. Ils ne sont pas absolument insurmontables. On voit quelquefois des parents dans une très humble condition profiter du peu de loisirs dont ils disposent pour témoigner leur tendresse à leurs enfants, pour leur apprendre à travailler et à souffrir plutôt que de faire le mal. C'est un des spectacles les plus touchants qu'il nous soit donné de contempler. On voit aussi, de loin en loin, des parents riches, faisant appel à toute leur énergie, préserver leurs enfants du gaspillage et de la mollesse, les astreindre à l'étude, leur imposer au besoin des épreuves et des privations, leur inspirer des sentiments d'honneur et leur faire comprendre que l'oisif préoccupé uniquement de ses plaisirs, incapable de rendre service à ses semblables, est un être vil, dégénéré, indigne du nom d'homme, rayé de la liste des créatures douées de sentiment et de raison.

L'aisance, plus ou moins étroite, plus ou moins large, constitue un milieu favorable. Même dans ce milieu, la tâche de l'éducateur est encore bien difficile. Il faut un jugement sain, une perspicacité toujours en éveil, une volonté ferme et une grande dose d'énergie pour tenir le milieu convenable entre l'extrême sévérité et l'extrême indulgence, pour ne pas négliger les exercices corporels, sans les laisser usurper par trop le temps des études, pour initier peu à peu les enfants aux réalités de la vie sans leur dessécher le cœur et l'imagination, pour les préserver de l'infatuation quand ils réussissent, pour les consoler et les soutenir quand ils échouent, sans accepter les excuses banales telles que celle qui consiste à dire qu'on s'est troublé, comme si le sang-froid n'était pas, dans toutes les carrières, au moment décisif, la plus indispensable des qualités.

Quels efforts, quels sacrifices exige l'œuvre éducatrice, sacrifices pécuniaires, surcroît de travail, renonciation à certains plaisirs mondains, sérénité au milieu des plus cruels soucis ! Mais aussi quelles joies, quel redoublement de force morale, quelle satisfaction donnée aux besoins les plus impérieux de l'espèce humaine et à ses plus nobles aspirations ! Ceux qui connaissent ces joies savent combien elles sont intenses, ceux qui les ont connues et les ont perdues ne se consolent jamais de leur perte, ceux qui ne les ont pas connues les devinent et les regrettent amèrement.

Au point de vue de l'éducation familiale, les mariages tardifs, on l'a remarqué, sont souvent malheureux. L'homme dans l'âge mûr fait un suprême effort pour améliorer sa situation, les occasions de se distinguer sont plus fréquentes et ses forces commencent à faiblir. Il rentre chez lui ayant donné au dehors tout ce qu'il peut donner, épuisé, affamé de repos, il redevient enfant avec ses enfants, tendre jusqu'à la faiblesse, incapable de blâmer les actes mauvais et de corriger ceux qui le méritent. Ce n'est plus un père, c'est un grand-père et un grand-père qui exerce sur les enfants l'autorité directe, avec toutes ses responsabilités.

X. — L'opinion publique.

La formation de l'opinion publique dépend plus de l'initiative individuelle que l'éducation qui, pour être complète, appelle le concours de l'État ou des associations libres. Ici, le travailleur le plus humble, comme le riche capitaliste ou le grand propriétaire, comme le savant illustre ou l'artiste acclamé, a son rôle à jouer et le joue utilement, s'il le veut.

L'amour-propre est un stimulant très vif du vice. Ce ne sont pas toujours des passions violentes qui poussent l'homme aux excès de boisson, à la débauche, au jeu. Ces vices vous posent dans un certain monde, on s'en pare, on en est fier, on en est glorieux. Parmi ceux qui vous admirent, d'une manière plus ou moins ouverte, il en est beaucoup qui ne sont pas vicieux eux-mêmes. Le vicieux leur apparait comme un être supérieur, plus hardi que les autres, tentant volontiers la fortune, bravant le sort, doué d'organes plus solides, plus résistants, plus puissants. On ne voit pas que cette supériorité, parfois réelle, est détournée par l'abus de sa véritable destination, qu'elle éclaterait bien davantage si elle était mieux dirigée et contenue dans de justes limites. D'un autre côté, flétrir le vice avec indignation n'est pas toujours le meilleur moyen de le combattre. Réservant la flétrissure pour les cas extrêmes, il suffirait le plus souvent de ne pas admirer. Ce petit effort, qui n'est certes pas surhumain, calmerait bien des ambitions malsaines et peu à peu le groupe des virtuoses du mal s'éclaircirait, faute d'applaudissements.

Les moindres actes de la vie privée contribuent à la moralité générale. Celui qui, un jour de fête, préfère les exercices en plein air, les promenades gaies et salubres, ou les conférences publiques, les concerts populaires, les représentations dramatiques bon marché aux courses avec leurs paris qui bouleversent tant d'intérieurs paisibles, aux cabarets où l'on s'enivre, aux cafés où des chansons ignobles se mêlent à des consommations suspectes, celui-là sera le lendemain plus dispos de corps et d'esprit, et il aura, dans la mesure de son activité personnelle, par ses goûts et par ses aversions, donné autour de lui une impulsion bienfaisante qui, multipliée par des milliers et des millions d'autres du même genre, peut produire un mouvement social fécond en résultats heureux.

XI. — Conversations.

Le choix des sujets de conversation, des lectures, des livres, des revues, des journaux surtout est encore d'une très haute importance. Le grand courant de l'opinion publique se forme d'une multitude d'affluents minuscules dont aucun ne doit être négligé.

Sans tomber dans l'excès d'un puritanisme farouche ou d'un optimisme aveugle, sans oublier que le rire, selon Rabelais, est le propre de l'homme, il semble qu'on pourrait rechercher un peu moins les médisances et les conversations grivoises. Il faut beaucoup d'esprit pour ne pas être ennuyeux et ne rien dire qui puisse choquer une personne dont la pureté mérite le respect. Il en faut plus encore pour trouver le bien chez les autres, et il y en a presque toujours, dissimulé à l'ombre du mal qui crève les yeux du premier venu. Ce genre d'esprit est rare, très rare, mais il se rencontre parfois et en vérité de ceux qui le possèdent émane quelque chose qui rappelle les plus doux parfums du printemps.

En général on préfère se repaître, aux dépens du prochain, d'anecdotes scandaleuses, plus ou moins véridiques, qu'on accepte sans examen, sans réflexion, avec une crédulité béate et une impitoyable cruauté. Cependant, à mesure que la civilisation avance, il est plus facile de causer de choses moins basses: les phénomènes naturels, les faits économiques, les évènements politiques, les découvertes des savants, les œuvres des artistes sont de jour en jour mieux connus et mieux appréciés. Ils fournissent d'intarissables sujets de causerie.

XII. — Publications. — Œuvres d'art.

Les livres, les revues, les journaux offrent à l'esprit, sous une forme plus ample et plus raffinée, une pâture analogue.

Les plus grossiers, les plus violents, les plus venimeux, les plus effrontés, où l'on vit de l'honneur de ses semblables, comme les anthropophages vivent de la chair de leurs ennemis, ont souvent la vogue. On se précipite vers eux, on se les dispute, on les dévore. On dirait par moments un accès de brutalité sensuelle, une explosion de haines, une épidémie de diffamations calomnieuses et de chantages. Les suites de ces tristes accès ne sont pas toujours celles qu'en attendent ceux qui en vivent. Les mêmes citoyens qui ont accueilli avec empressement tant d'infamies les répudient quand ils se trouvent en famille ou même en face de l'urne électorale.

Mieux vaudrait les traiter de suite comme elles méritent de l'être. L'initiative individuelle ne se montre jamais plus puissante que dans la perpersonne du lecteur invité à témoigner par son choix de ses sympathies et de ses antipathies, de ses goûts et de ses aversions. Elle dispose en grande partie du développement du bien ou du mal, à travers le monde, et de leurs proportions respectives.

La responsabilité des écrivains et des artistes n'est pas moindre que celle du public. Je ne dis pas supérieure, car ce sont précisément les œuvres immorales qui sont provoquées par l'espoir d'un vaste et lucratif débit. Sans la complicité des lecteurs ou des spectateurs, elles n'existeraient pas.

La moralité des œuvres littéraires et artistiques ne doit pas être appréciée d'une manière trop étroite. L'artiste cherche le beau, l'économiste l'utile, l'historien le vrai, dans un passé qu'il ressuscite, l'homme politique se préoccupe des intérêts généraux d'une ou de plusieurs nations.

Ils ne peuvent pas et ne doivent pas directement moraliser. Il en est de même du romancier et de l'auteur dramatique qui s'efforcent d'exprimer, dans un cadre restreint, les caractères, les passions, les mœurs, les pensées avouées ou secrètes, les actes inconscients, en un mot, la vie humaine. Mais, par cela seul qu'ils sont sincères, ils sentiront que le beau comporte nécessairement l'introduction d'un certain idéal dans la réalité, que, pour être vrai, il faut mettre chaque chose à sa place et à son rang, qu'aucune chose ne se présente isolée, qu'à côté du mal il y a le bien, qu'on ne peut pas plus négliger l'un que l'autre, que la science sans doute purifie tout, mais à condition qu'on ait recours, quand on en veut faire, aux méthodes scientifiques, méthodes rigoureuses et austères; ils comprendront que l'utile exclut les plaisirs déréglés, qu'il n'a pas pour objet seulement des satisfactions présentes, même légitimes, mais surtout des satisfactions futures plus ou moins éloignées, que la politique enfin, si elle n'est pas misérablement terre à terre, embrasse des intérêts d'une certaine étendue et d'une certaine durée.

Une œuvre vraiment belle, vraiment grande, vraiment utile, appelée à vivre, à se perpétuer, à glorifier son auteur, une œuvre pareille n'est jamais immorale, et, dans ces œuvres-là, s'il se trouve du mélange, voyez ce qui en subsiste à travers les siècles. Ce qui réellement a de l'action aujourd'hui sur les esprits, dans Rabelais, ce ne sont pas les passages orduriers, ce sont les vues philosophiques, si originales, si profondes, si pénétrantes. Dans Shakespeare, on laisse volontiers de côté les plaisanteries obscènes, on admire ces créations de personnages divers qui sont devenus des types éternels, avec leurs ambitions implacables, leurs tendresses, leurs joies, leurs ardeurs, leurs fougues, leurs fantaisies, leurs douleurs, leurs luttes, leurs pensées intimes, leur mélancolie, leur souci de l'au delà. Dans les œuvres des génies, qui passent à juste titre pour des réalistes, dans les œuvres de Rembrandt par exemple, que de mystères, quels jeux de lumière, quelles révélations de l'âme humaine, au milieu des réalités les plus vulgaires rendues avec un si puissant relief!

Laissons à l'initiative individuelle le champ libre, au génie toutes ses prérogatives ; mais ne soyons pas dupes des spéculateurs qui, sous prétexte de vérité et d'art, poursuivent des gains ignobles en flattant les bas instincts. Ils nous couvrent de honte à l'étranger, nous dégradent à nos propres yeux et nous arrêtent dans les marécages, quand il faudrait pour nous, pour nos enfants, pour notre patrie, monter sur les hauteurs.

DEUXIÈME PARTIE

LE POUVOIR SOCIAL.

I. — Nécessité du pouvoir social.

Si l'humanité ne périt pas par l'abus de l'alcool et de la morphine, si le progrès des sciences et de leurs applications continue, si l'on arrive à comprendre que les intérêts lointains s'harmonisent entre eux et qu'ils doivent être préférés aux intérêts présents d'où sortent les conflits, si le sentiment de la fraternité et de la solidarité se développe, sans étouffer la liberté, si les associations libres, contenues dans leurs limites légitimes, se fortifient et s'accroissent, il est permis d'espérer qu'après une longue série de siècles, la guerre et le crime ayant disparu avec la misère et le vice, l'État, c'est-à-dire le pouvoir coercitif exercé au nom de la Société, n'aura plus qu'un rôle très restreint et s'effacera peu à peu. Nous n'en sommes pas là et l'on entrevoit à peine, à travers une brume épaisse, la possibilité d'un pareil avenir.

Pour le moment, quelques mystiques sincères, animés d'un noble esprit, mais étrangers aux réalités de la vie humaine, et, d'autre part, une poignée d'hommes violents voulant substituer à la force de l'État leur propre force et à l'autorité du pouvoir social leur propre domination, sont les seuls qui demandent l'anarchie. A part ces rares exceptions, tout le monde reconnaît la nécessité d'un gouvernement, on discute seulement les limites de ses attributions que la tendance générale, contrairement à celle des anarchistes, porte à étendre et non à restreindre.

Les crimes des anarchistes qui ont épouvanté le monde, en 1893 et 1894, n'ont pas affaibli cette tendance, au contraire. On a fait appel à toute l'énergie des gouvernements pour combattre, au nom de la souveraineté nationale, cette tyrannie odieuse, que Platon dénonçait déjà dans le Gorgias, la tyrannie de l'individu qui, ayant fait le sacrifice de sa propre vie, dispose de la vie de ses semblables pour terrifier et bouleverser la Société.

II. — Extension des attributions de l'État depuis un quart de siècle.

L'extension des attributions du pouvoir social, depuis un quart de siècle, est manifeste dans tous les pays civilisés et en particulier en France.

Si l'on jette les yeux sur nos budgets et sur notre législation administrative, un simple coup d'œil suffit pour voir combien est vaste la sphère où se meut le pouvoir social, combien est étroit le champ laissé libre à l'initiative individuelle.

Pour la Défense nationale, l'État a à sa disposition, non un contingent limité comme autrefois, mais la totalité des hommes valides de vingt ans à quarante-cinq ans. Tous ces hommes sont enrégimentés et exercés d'une manière continue, pendant trois ans en règle générale et pendant un an au moins à titre exceptionnel. Ils sont convoqués ensuite à des époques périodiques pour les manœuvres et enfin, au cas de mobilisation, ils sont tous sous les drapeaux et marchent à l'ennemi. L'armée et la marine, avec le service des pensions militaires, coûtent plus d'un milliard par an.

La justice, la police, le régime pénitentiaire appartiennent naturellement à l'État, avec l'aide, des autorités locales, dans certains cas. Le pouvoir social peut seul en effet servir d'arbitre entre les citoyens. Seul il est assez impartial et assez fort pour éviter les guerres privées, pour maintenir intacte l'organisation de la famille, pour faire respecter les contrats, poursuivre et réprimer les violences, les fraudes, les menaces, les diffamations.

En dehors de ces fonctions nécessaires, l'État en a encore une foule d'autres qui ont été et qui peuvent être contestées.

Il gère directement, sans y être absolument maître et sans exclure toute espèce de concurrence, mais muni de pouvoirs et de ressources qui lui assurent la prédominance, avec ou sans le concours des autorités locales, le vaste service de l'instruction publique à tous ses degrés, le service non moins vaste des travaux publics, le service de la colonisation, le service sanitaire, le service de l'assistance publique et même, sous certains rapports, le service des cultes.

Quand il ne gère pas directement certains services, il intervient par des avances, des subventions ou des primes, pour encourager et soutenir des travaux d'utilité publique, des entreprises artistiques, des œuvres de bienfaisance et jusqu'à des industries spéciales qui sembleraient bien justement appartenir au domaine de l'activité individuelle.

C'est ainsi que des avances énormes sont faites aux Compagnies de chemins de fer. Elles ont été évaluées à plus de 120 millions, par an, pour les années 1893, 1894 et 1895. Pour les années 1896 et 1897, elles sont en décroissance, mais elles restent encore très considérables. Des avances et des subventions sont accordées pour les tramways, les chemins vicinaux, les travaux hydrauliques. Les théâtres, les concerts populaires, les expositions sont également subventionnés. On organise, en partie aux frais de l'État, les assurances contre les accidents, les maladies, la vieillesse. On vient en aide aux départements et aux communes pour les hôpitaux, les hospices et les asiles. Quelques allocations profitent aux sociétés de secours mutuels, aux associations ouvrières, aux sapeurs-pompiers. Des primes sont accordées à la culture du lin et du chanvre, à la sériciculture, à la filature de la soie, à la marine marchande, aux pêches maritimes, des encouragements pécuniaires, sous une autre forme, à l'industrie chevaline et à la viticulture.

Par voie de réglementation et d'inspection, l'État surveille les pharmacies et drogueries, les poids et mesures, les alcoomètres et densimètres, les eaux minérales, les établissements dangereux, incommodes et insalubres, les mines et carrières, le commerce des beurres et des engrais ; il règle la durée du travail dans les manufactures pour les enfants, les femmes et les adultes, il interdit aux femmes le travail de nuit en principe et détermine les cas où l'interdiction peut être levée.

Par voie de monopole, il se réserve l'exploitation des postes, des télégraphes et des téléphones, la fabrication et la vente des poudres, des tabacs et des allumettes.

Par ses tarifs douaniers, il écarte ou atténue la concurrence étrangère au profit des industries nationales. Pour atteindre ce but, il croit pouvoir fixer les prix de revient de tous les produits, le minimum de profit qui convient à chaque producteur et l'étendue des sacrifices que les consommateurs doivent supporter. Par des immunités fiscales ingénieusement combinées, il assure à la puissante corporation des sucriers des bonis qui lui permettent de renouveler, aux dépens des contribuables, son outillage industriel. Il a joint à ces bonis récemment des primes à l'exportation pour la partie de la production sucrière que la consommation intérieure n'absorbe pas.

Enfin, dépassant les interventions gouvernementales les plus audacieuses qu'on ait connues jusqu'alors, l'État, dans l'espoir de faire vendre des vins qui ne se vendent pas, ou qui se vendent mal, interdit le mouillage et le considère comme une fraude, bien qu'il soit inoffensif et que l'acheteur y ait consenti.

La plupart de ces attributions, si diverses, si complexes, ont une origine ancienne. On les retrouve, en germe, sous tous les régimes antérieurs. De tout temps, les pouvoirs publics sont intervenus, non seulement pour garantir la sécurité extérieure et intérieure, mais pour préserver la santé publique, pour assurer le succès de certains travaux, pour favoriser certaines industries, pour régler le prix des denrées, pour soutenir les œuvres de bienfaisance, pour encourager les beaux-arts, pour procurer des ressources matérielles aux institutions scolaires et religieuses. Ce qui est nouveau, c'est l'extension prodigieuse donnée pour la première fois à quelques-unes de ces attributions, ou renouvelée pour d'autres, par un brusque retour en arrière, après une période d'amoindrissement. Ce qui est nouveau aussi, c'est leur concentration de plus en plus grande entre les mains de l'État, les autorités locales s'en trouvant déchargées.

Chose curieuse, là où cette extension et cette concentration se font le moins sentir, c'est peut-être dans les services relatifs à la sécurité intérieure. Partagée entre plusieurs autorités, les unes municipales, les autres nationales, la police est dans un état d'incohérence qui favorise l'audace des malfaiteurs. Il semble que le besoin de sécurité à demi satisfait sommeille. Ses exigences médiocres ne préoccupent pas les politiciens. La sécurité intérieure est par trop conforme à l'intérêt général pour passionner personne en particulier.

L'extension et la concentration des attributions du pouvoir social se manifestent surtout au sujet de la défense nationale, de l'enseignement public, des travaux publics et du régime commercial ou industriel.

Le service militaire universel, avec toutes ses conséquences : alourdissement des impôts, diminution du nombre des travailleurs, carrières contrariées et entravées ; l'instruction primaire obligatoire, gratuite et laïque, la multiplication des bourses, l'accroissement des chaires d'enseignement supérieur et des laboratoires, la création de l'enseignement agricole et industriel, l'introduction, aux frais de l'État, des chemins de fer dans les pays pauvres où ils ne transportent que de rares voyageurs et quelques tonnes de marchandises ; la réglementation plus stricte du travail dans les manufactures ; la hausse des tarifs de douane et la répugnance pour les traités de commerce, tels sont les traits essentiels qui caractérisent l'action gouvernementale, plus ou moins accentués, mais toujours dirigés dans le même sens, de 1871 à 1896.

Des tendances analogues se manifestent dans tous les pays civilisés, en Suisse, en Allemagne, comme en France, aux États-Unis et en Australie comme en Europe. Elles ont pénétré en Angleterre, jadis la terre classique de la liberté individuelle et des autonomies locales. Quelles en sont les causes ?

III. — Causes de cette extension.

Les événements politiques et militaires y ont beaucoup contribué. Deux grandes guerres surtout ont eu des contre-coups décisifs sur l'état social des peuples d'origine européenne : la guerre de la sécession aux États-Unis (1861-1865) et la guerre franco-allemande (1870-1871). La première, livrant les vaincus à la merci des vainqueurs, n'a pas donné lieu à des armements permanents, mais elle a poussé les hommes du Nord à des représailles contre la France et l'Angleterre dont les gouvernements avaient, d'une manière indirecte, aidé les rebelles ; elle leur a permis de tenir les planteurs du Sud, au point de vue industriel et financier, dans une étroite subordination vis-à-vis des manufacturiers et des banquiers de Boston, de New-York et de Philadelphie. Ce double but a été atteint par un système de protectionnisme à outrance qui a abouti au fameux bill Mac-Kinley et qui, avant d'aboutir à un pareil excès, avait singulièrement stimulé la réaction économique en Europe.

La guerre franco-allemande n'a pas été non plus sans influence sur le régime commercial, mais cette influence n'a pas été immédiate. Elle a seulement à la longue revivifié cette vieille idée anti-humaine et anti-civilisatrice que l'étranger est l'ennemi, même en temps de paix. Son effet immédiat a été un formidable déploiement de forces militaires et d'incessants efforts, non encore interrompus après un quart de siècle, pour augmenter le personnel combattant et perfectionner les engins de destruction. Ici, le vaincu n'avait pas été complètement écrasé par le vainqueur comme en Amérique. Il a voulu remédier à son infériorité et le vainqueur, inquiet de l'avenir, a voulu garder sa supériorité. Puis, par suite d'alliances contractées de part et d'autre, par esprit d'imitation, par vanité, par crainte d'un conflit universel, l'Europe entière s'est mise à dépenser des milliards et à dresser des millions d'hommes en vue de la guerre.

L'homme d'État prussien qui, par une fausse dépêche, précipitait perfidement l'une contre l'autre l'Allemagne et la France, malgré bien des sympathies réciproques, s'est peut-être fait illusion comme patriote ; les résultats obtenus ont été plus brillants que solides, compensés par de lourdes charges et de cruels embarras ; comme chef du parti féodal, il ne s'est pas trompé : il avait vu clairement que la guerre toujours imminente, toujours suspendue sur la tête des peuples, forcerait les travailleurs de toute espèce et de tout rang, bourgeois ou prolétaires, à s'effacer devant ceux qui commandent l'épée à la main.

A travers les événements que nous venons de rappeler, fortifié, mais non créé par eux, circule un courant d'idées qui ne sont pas toutes d'égale valeur. Ce qui domine, c'est un sentiment de plus en plus vif de la solidarité humaine.

Il y a, entre les hommes, une solidarité fatale, inéluctable qu'on peut méconnaître, mais qu'on ne peut pas ne pas subir, et il y a une solidarité volontaire que le cœur inspire, que la raison ne désavoue pas toujours et qui est souvent le correctif de l'autre. Une maladie contagieuse sévit quelque part : de là elle rayonne, s'étend au loin, menace ou atteint des milliers d'êtres humains. Voilà le type de la solidarité fatale, inéluctable. La société épouvantée se raidit contre le mal, l'autorité publique, au nom de tous et aux frais de tous, emploie tous les moyens que la science met à sa disposition pour éteindre ce foyer de contagion. Voilà la solidarité morale dans son application la plus simple et la plus saisissante. Si le mal, au lieu d'être contenu, est prévenu par des mesures hygiéniques, l'intervention du pouvoir social n'en sera que mieux justifiée. L'ignorance, le vice, la misère ne sont pas moins redoutables par leurs multiples répercussions que les foyers contagieux. Ici encore, la solidarité de fait sollicite et motive la solidarité volontaire, avec cette différence qu'on se trouve en présence de maux beaucoup plus difficiles à guérir que les maladies les plus virulentes et qu'on court risque d'aggraver par des remèdes autoritaires.

C'est ce sentiment de solidarité qui a inspiré nos grandes lois scolaires consacrant le triple principe de l'enseignement primaire obligatoire, gratuit et laïque. C'est lui aussi qui a présidé à la rénovation de notre enseignement supérieur, car, peu à peu, ce qui depuis longtemps ne faisait pas de doute pour les esprits éclairés a été compris par tout le monde : le lien qui rattache à la haute culture scientifique les intérêts les plus humbles est apparu ; des sommets où se poursuit la recherche désintéressée du vrai, on a vu descendre dans la région où le souci du bien-être stimule le travail, les sources qui alimentent l'activité humaine sous toutes ses formes.

L'idée de solidarité, plus ou moins altérée, plus ou moins déviée de son but véritable, se retrouve dans toutes les grandes extensions du pouvoir social, soit pour les travaux publics, soit pour les œuvres d'assistance, pour les mesures d'hygiène, pour la réglementation du commerce et de l'industrie, appliquée parfois d'une manière peu judicieuse, souvent invoquée comme un prétexte colorant des actes dont les vrais motifs sont d'un tout autre ordre.

L'intérêt général, pour être nettement aperçu et pour émouvoir les âmes, exige un effort d'abstraction et une sorte de détachement de soi-même dont très peu d'hommes sont capables en temps ordinaire. L'intérêt local affectant une population restreinte ou l'intérêt d'un groupe formé par des connexités professionnelles est au contraire saisi sans peine et remue fortement les plus inertes. L'État, si l'on parvient à l'influencer, est un merveilleux instrument pour donner satisfaction à ces intérêts. Un travail entrepris par un simple particulier ou par une société libre ne peut réussir que s'il répond à des besoins réels, s'il couvre, par son produit, la dépense qu'il occasionne. Un travail entrepris par l'État cause de même une dépense, mais souvent il ne procure pas la ressource correspondante et cette ressource nécessaire, au lieu d'être fournie par ceux qui profitent de l'œuvre accomplie, est puisée au budget par voie d'emprunt ou d'impôt, c'est-à-dire qu'on fait payer à tous le profit de quelques-uns et il est très possible que ce profit n'ait aucune répercussion sur la prospérité générale ou que cette répercussion soit très faible, hors de proportion avec les sacrifices consentis.

La France et tous les pays européens ont vécu pendant des siècles sous le régime du privilège. Chaque province, chaque commune, chaque classe de la Société, chaque corporation, chaque groupe légalement constitué avait ses privilèges. Les privilèges aujourd'hui ne sont pas établis d'une manière officielle, mais ils reviennent peu à peu à la sourdine. Le triomphe de la démocratie ne les a pas détruits aussi radicalement que l'espéraient nos pères, les hommes héroïques qui, en 89, jetèrent les bases de la société moderne.

La démocratie a certainement plus d'affinité avec la liberté qu'avec le pouvoir absolu, car elle est une des manifestations de la liberté, mais elle n'implique pas par elle-même le respect de toutes les libertés, elle est le règne de la majorité et la majorité, comme tous les souverains, est sans cesse tentée de supprimer toute espèce de résistances.

Non seulement la démocratie peut ne pas être toujours très respectueuse des libertés individuelles, mais, dans la recherche du bien public, elle est souvent trompée par les habiletés, les intrigues, les agitations, les affirmations audacieuses de certaines minorités et précisément de celles qui ne se contentent pas pour elles-mêmes de la liberté, qui veulent vivre aux dépens d'autrui et opprimer les masses par l'intermédiaire de l'État. Les consommateurs et les contribuables sont dispersés, sans lien entre eux, sans cohésion. Ils souffrent en silence et, ne bougeant pas, ne se rendent pas même un compte exact du tort qu'on leur fait. Les producteurs agricoles ou industriels, les entrepreneurs de travaux publics, les fonctionnaires, les employés ou anciens employés de l'État, les habitants des communes ou des départements qui demandent des faveurs, les travailleurs qui veulent être payés davantage pour un travail moindre, tous ceux qui redoutent une concurrence quelconque sont groupés, organisés, disciplinés, ils calculent à quelques centimes près le bénéfice qu'ils retireront de certaines interventions gouvernementales, ils déployent une activité dévorante et arrivent rapidement à leurs fins.

De là les chemins de fer dits électoraux, décorés maintes fois du titre de chemins stratégiques, qui pèsent d'un si grand poids sur le budget, ne rapportant rien dans le présent et n'ayant pas, comme dans les pays neufs, l'assurance bien ferme d'un avenir prospère. De là l'incessante progression des petis traitements et des pensions, progression considérable chez nous, absolument monstrueuse aux États-Unis. De là les primes, les subventions et les prohibitions en faveur de certaines industries. De là la réglementation du travail et le système de protectionnisme à outrance qui trouble le commerce, diminue la consommation, gène ou supprime l'exportation, entretient la routine, démoralise les peuples par la provocation à la fraude et l'incitation à chercher la fortune dans les bureaux ou les couloirs du parlement.

Les amis attardés de l'ancien régime, ceux qui dans leurs rêves rétrogrades envisagent avec délice le retour des privilèges d'autrefois, n'ont pas hésité en présence de ces tendances autoritaires : ils ont appuyé de toutes leurs forces les interventions gouvernementales les plus inquiétantes au point de vue moral et économique. On les a trouvés tous debout, ardents et à peu près unanimes, pour exhausser de plus en plus les barrières douanières. Seulement, aveuglés par leurs préjugés, par leurs passions et par l'intérêt de leurs électeurs les plus influents, grands industriels et grands propriétaires, ils n'ont pas aperçu toutes les conséquences logiques de leurs votes ; ils sont tout étonnés d'apprendre qu'après avoir assuré un minimum de profits et un minimum de rente foncière, il leur faudra peut-être, au nom des mêmes principes qu'ils ont invoqués et par des moyens analogues à ceux qu'ils ont employés, assurer un minimum de loisir et un minimum de salaire.

Arrivés au point où nous sommes, des penseurs intrépides (en tête desquels figure l'illustre philosophe Herbert Spencer) demandent qu'on change de direction. D'autres personnes, plus circonspectes, se contenteraient d'un temps d'arrêt sur la pente qui nous entraîne. Les socialistes, au contraire, soutiennent qu'on est dans la bonne voie et ils proposent de nouvelles extensions du pouvoir social : les unes auraient le caractère de mesures préparatoires, les autres constitueraient un état de choses définitif où la part d'activité des individus et des associations libres serait infiniment restreinte, où le pouvoir social disposerait d'une manière absolue de tous les moyens de production.

IV. — Extensions préparatoires proposées par les socialistes.

Les principales extensions préparatoires proposées par les socialistes peuvent se résumer ainsi :

Remettre entre les mains de l'État les chemins de fer, les mines, les assurances, la banque ;

Imposer par la loi un minimum de loisir et un minimum de salaire ;

Organiser les grèves, c'est-à-dire donner à la majorité d'un syndicat ouvrier le droit d'interdire le travail aux ouvriers non syndiqués et à la minorité récalcitrante du syndicat.

Ces propositions doivent être examinées à un double point de vue. On peut se demander comment elles pourraient améliorer l'état social, étant donné que l'ensemble des institutions actuelles subsiste, et l'on peut rechercher, au cas où leur impuissance à cet égard serait reconnue, si leur efficacité réelle ne consisterait pas à faire table rase pour l'installation d'un ordre nouveau.

§ I. — LES CHEMINS DE FER.

Un grand nombre de chemins de fer sont entre les mains de l'État. Il y en a notamment en Allemagne et en Belgique. Nous-mêmes nous avons un réseau d'État. On ne voit pas qu'en fait ce régime produise ni de grands inconvénients ni de grands avantages. Théoriquement on peut invoquer en sa faveur des considérations assez plausibles. L'administration des grandes compagnies, qui seules peuvent entreprendre de pareilles exploitations, ressemble beaucoup à une administration d'État. En outre, il est naturel que les chemins de fer, pour tout ce qui concerne l'établissement et l'entretien de la voie, soient assimilés aux routes. Or les routes ont été peu à peu débarrassées des péages qui les obstruaient, elles sont établies et entretenues aux frais du budget, par les agents de l'État. elles font partie du domaine public, domaine inaliénable et imprescriptible, accessible à tout le monde indistinctement.

Ces considérations n'entraînent pas nécessairement l'absorption des chemins de fer par l'État. Elles justifient seulement une certaine intervention du pouvoir social, intervention dont il ne faut pas abuser, mais qui s'impose presque partout et qu'on retrouve plus ou moins dans tous les pays, même chez les peuples les plus individualistes, aux États-Unis par exemple et en Angleterre. Une intervention restreinte suffit aussi pour empêcher que les grandes compagnies, où se réfugient souvent les amis des gouvernements déchus, devenus les ennemis du gouvernement actuel, n'exercent une influence fâcheuse sur les affaires politiques.

L'intérêt commercial est en lutte, dans les questions de chemins de fer, avec l'intérêt électoral. L'intérêt électoral pousse à construire des chemins de fer improductifs, onéreux pour la communauté, administrés de manière à satisfaire, au préjudice du public, soit un petit groupe de voyageurs et de producteurs, soit le personnel de l'exploitation. L'intérêt commercial porte à construire et à exploiter les chemins de fer en vue du trafic le plus large, qui est le plus rémunérateur et qui en même temps répond le mieux à l'intérêt général de la nation, sans aucun déficit pour le budget.

Avec les compagnies, même très surveillées, très contrôlées, très dominées par l'État, l'intérêt commercial subsiste et tient en échec les solliciteurs. On peut admettre, pour servir de terme de comparaison, un réseau d'État en présence d'autres réseaux plus vastes administrés par des sociétés libres. Il serait imprudent, selon nous, de lui donner une trop grande extension.

Là où le danger prendrait un caractère d'une gravité extrême, ce serait si l'on s'engageait à fond sur ce point dans les projets socialistes. L'administration d'État, dans ces projets, n'est qu'une sorte de trompe-l'œil, derrière lequel se cache l'administration par des syndicats d'employés et d'ouvriers, syndicats obligatoires, intangibles, autorisés à faire grève sur l'ordre de leurs chefs. Présentée ainsi, la question des chemins de fer devient une question sociale au premier chef. Les syndicats, maîtres absolus de l'exploitation, seraient eux-mêmes dirigés par ces propagandistes qu'on voit à l'œuvre dans les grèves, plus aptes à échauffer les passions qu'à administrer sagement. Les capacités techniques ne tarderaient pas à être éliminées. Les intérêts du commerce, des voyageurs et du Trésor seraient impitoyablement sacrifiés. Le service des transports, compromis en temps ordinaire par une direction maladroite, pourrait être absolument suspendu en cas de crise extérieure ou intérieure. Une guerre venant à éclater, il ne serait certes pas aussi facile de faire plier ces syndicats omnipotents que de commander aux compagnies. Ainsi toute l'activité économique du pays se trouverait dans leur dépendance, la défense nationale pourrait être paralysée par eux. Ce serait le triomphe des sans-patrie qui ne sont pas précisément une quantité négligeable parmi les socialistes.

§ 2. — LES MINES.

Le projet relatif aux mines comporte les mêmes objections, avec cette circonstance aggravante que les mines ne peuvent, même partiellement, être assimilées aux choses du domaine public, accessibles à tous. Les déficits ne seraient pas moins à craindre que pour les chemins de fer, ni la tyrannie des syndicats moins redoutable. Toutes les industries qui consomment du charbon seraient à la merci des chefs avoués ou occultes de ces syndicats, démagogues professionnels et cosmopolites.

§ 3. — LES ASSURANCES.

Les assurances entre les mains de l'État donneraient-elles de meilleurs résultats que les mines et les chemins de fer? Que l'État intervienne pour faciliter aux moins aisés l'assurance contre la maladie, contre la vieillesse, les accidents et la mort, c'est une expérience qu'on peut tenter et qui mérite d'être suivie avec intérêt. Il faut prendre garde seulement de ne pas réduire à zéro la part de l'assuré dans le paiement de la prime, car on arriverait ainsi à étouffer la prévoyance individuelle et on multiplierait, dans d'énormes proportions, les fraudes. Il ne faut pas non plus oublier que les versements de l'État sont obtenus par l'impôt de contribuables souvent plus malheureux que les assurés ou qui voudraient consacrer librement leurs économies à d'autres emplois, tels que l'achat d'un petit fonds de commerce, d'un lopin de terre, d'une valeur mobilière, d'une machine ou de quelques outils.

Ces inconvénients seraient centuplés s'il s'agissait du monopole absolu de toutes les assurances et d'autres viendraient s'y joindre: la routine empêcherait les combinaisons ingénieuses que les compagnies privées ne cessent d'imaginer et dont les assurés profitent ; les primes deviendraient peu à peu de véritables taxes proportionnées non aux risques, mais à la valeur, ce qui aurait des conséquences funestes dans bien des cas, notamment au cas d'assurance contre l'incendie, car on n'aurait pas d'intérêt à diminuer les risques par le choix des matériaux de construction et autres précautions analogues.

§ 4. — LA BANQUE.

De tous les projets proposés comme mesures immédiates, le plus séduisant concerne la banque. C'est celui qui aurait dans certains moments d'entraînement, le plus de chance d'être adopté. Ce n'est pas le moins dangereux.

Les chances de succès lui viendraient de l'appui qui pourrait lui être donné, sous certaines réserves, par les représentants des populations rurales. Les conditions d'un crédit solide, comprises de bonne heure par les commerçants qui, à la longue, les ont enseignées aux hommes politiques, ne le sont pas encore, ou le sont d'une manière très imparfaite dans les campagnes.

Les travaux agricoles ne sont productifs qu'à long terme et les engagements à long terme ne se prêtent pas aux négociations avec la même facilité que les billets à courte échéance. L'hypothèque cause de grands frais qui retombent sur l'emprunteur. Le crédit pratiqué le plus souvent est le crédit pour achat de terres, qui généralement ne rapportent pas l'intérêt de l'argent emprunté, ou le crédit pour la consommation, c'est-à-dire le crédit en vue non de dépenses reproductives, mais de dépenses improductives. C'est la ruine.

Les lois contre le prêt à intérêt ont pesé pendant des siècles sur ceux qu'elles étaient censées protéger. Elles ont exaspéré l'usure. Le paysan n'a connu le prêteur que sous la forme de l'usurier, d'autant plus âpre qu'il s'exposait à des supplices atroces. Les seigneurs propriétaires terriens, habitués à traiter sans gêne leurs créanciers comme des êtres inférieurs et vils, donnaient l'exemple du mépris de la dette. Cet exemple a été suivi. Riches et pauvres, dans les régions agricoles, se piquent rarement d'exactitude, soit pour le service des intérêts, soit pour le remboursement du capital.

Et cependant plus l'agriculture, sous l'impulsion de la concurrence et par suite d'une pénétration plus intime des phénomènes naturels, prend un caractère scientifique, plus elle a besoin de crédit. On tourne alors volontiers les yeux vers l'État-Providence qui, lui, jouit d'un crédit de premier ordre, depuis qu'il a cessé, non sans peine, de faire banqueroute. Or parmi les choses dont l'État semble disposer absolument se trouve la monnaie qu'il frappe de son empreinte et qui circule en son nom. La monnaie, dont le mécanisme est peu connu, ne paraît jamais assez abondante au propriétaire endetté et au cultivateur. Si elle abonde, elle s'avilit. Que lui importe? Les denrées qu'il vend, denrées de première nécessité pour la plupart, journellement évaluées au marché, haussent en proportion. Le montant des dettes contractées reste invariable et leur remboursement est plus facile. Les fermages, les salaires, les impôts ne participent pas de suite à la progression du prix des denrées.

L'abondance de la monnaie crée dans les campagnes une prospérité momentanée bien attrayante, il faut avouer, pour les gens à courte vue, c'est-à-dire pour l'immense majorité des hommes. Il en résulte que les représentants des populations rurales ont une forte tendance à multiplier la monnaie, soit en donnant cours à un métal déprécié (comme l'argent aux États-Unis) soit par l'émission de papier-monnaie, émission qu'il est très facile de lancer et très difficile d'arrêter. L'expérience du système de Law et des assignats, décisive pour tous les esprits réfléchis, n'a pas éclairé tout le monde. Même parmi les personnes qui raisonnent et qui ont une certaine culture intellectuelle, on en trouve qui ignorent les véritables principes du crédit et de la monnaie.

Beaucoup s'imaginent que la valeur du papier-monnaie dépend uniquement du gage sur lequel il repose et que, la terre étant le plus solide des gages, on peut, sans témérité, transformer en monnaie libératoire la moitié au moins des valeurs foncières et, si ces valeurs sont estimées en bloc cent milliards, faire circuler impunément cinquante milliards de billets au porteur.

Le papier-monnaie portant hypothèque générale sur la terre, sinon sans garantie d'aucune sorte, ou l'émission d'une monnaie dépréciée pourrait être la condition de l'appui donné aux socialistes par une forte fraction de ruraux. Les socialistes l'accorderaient, sans y tenir, pour se procurer une alliance si précieuse. Ce à quoi ils tiennent, c'est au crédit distribué par l'État en proportion non des capacités, mais des besoins. Ce qu'ils visent et ce qui se réaliserait sans doute, par une banque d'État, c'est le crédit aux insolvables, aux incapables, aux imprévoyants, aux solliciteurs habiles, très remuants, très agités, très insinuants ou très menaçants et peu soucieux d'un travail vraiment productif.

De grands maîtres ont exposé, dans des ouvrages lumineux, trop peu lus et trop peu médités, les véritables principes du crédit et de la monnaie. Je me bornerai ici à les rappeler en quelques lignes :

1° Le rôle de la monnaie consiste uniquement à faciliter les transactions. L'échange direct des produits et des services est incommode parce qu'il y a rarement corrélation exacte entre l'offre et la demande : l'un offre un mouton et voudrait avoir un vêtement, l'autre offre des volailles et voudrait avoir du bois, l'entente est impossible. Un intermédiaire est nécessaire. Il faut pour remplir cet office que cet intermédiaire soit aisément divisible en petites fractions, qu'il ait une valeur universellement reconnue et que cette valeur ne soit pas trop variable. Les métaux précieux, l'or surtout, de nos jours, par suite de la surabondance de l'argent, sont aptes à jouer utilement le rôle d'intermédiaires. S'ils diminuent ou s'ils augmentent dans de grandes proportions, il en résulte des hausses ou des baisses de prix qui troublent le commerce, répandent l'inquiétude, ralentissent la production ou la surexcitent momentanément pour l'alourdir ensuite et causent des souffrances d'autant plus vives que la hausse et la baisse des prix n'est pas uniforme. La diminution est un phénomène qui ne s'est guère réalisé qu'une seule fois, un peu avant et un peu après la découverte de l'Amérique. L'augmentation progressive est la règle, mais, sauf au XVIe siècle et dans une courte période du XIXe, elle a été et elle est encore assez lente pour ne pas être profondément perturbatrice, elle correspond à peu près à la progression des affaires ;

2° La monnaie métallique peut être, dans une certaine mesure, remplacée par des billets, pourvu que ces billets eux-mêmes soient payables à première réquisition, ou à bref délai, en monnaie métallique. Elle peut être économisée aussi par l'usage des virements qui, rapprochant les uns des autres des milliers de débiteurs et de créanciers, compensent leurs dettes et leurs créances et les liquident avec un petit nombre d'espèces sonnantes. Les procédés financiers qui économisent la monnaie tendent à la déprécier et à faire hausser les prix des marchandises, mais cette dépréciation ne ressemble pas à celle que pourrait produire le papier-monnaie : elle se fait lentement, d'une manière imperceptible, au fur et à mesure des besoins du marché, dans des limites inflexibles, fixées par la nature des choses. Sagement restreinte, la dépréciation est sensible néanmoins. C'est ce phénomène que perdent de vue les protectionnistes qui, désireux de voir la hausse des prix, font tout ce qu'ils peuvent pour l'empêcher. En effet, une lettre de change tirée d'un lieu voisin du lieu de payement, circule dans un espace restreint et joue à peine le rôle de monnaie. Si au contraire elle est tirée d'un lieu étranger sur un autre pays, revêtue de bonnes signatures connues dans le monde entier, elle joue vraiment le rôle de monnaie et d'une monnaie internationale. D'où il résulte que la liberté des échanges, toutes choses égales d'ailleurs, tend à la hausse des prix en créant l'abondance des denrées; la hausse des prix par le moindre usage de la monnaie métallique et l'abondance des denrées par l'ouverture des débouchés.

3° Le crédit peut être sollicité et accordé en vue de la production ou en vue de la consommation. Dans ce dernier cas, il conduit presque fatalement à la ruine de l'emprunteur et souvent à celle du créancier. Il y a des exceptions, par exemple le cas où l'emprunteur réduit aux dernières extrémités par un accident, une maladie ou tout autre cas fortuit, a assez de ressort, physiquement et moralement, pour pouvoir se relever. Mais cette sorte de crédit a un caractère familial et amical, qui le rend impossible en dehors d'un cercle très étroit. Tout au plus, peut-il être à l'usage des sociétés libres, sociétés de secours mutuels ou purement philanthropiques;

4° Le vrai crédit, c'est le crédit à la production. S'il est réel, c'est-à-dire s'il est garanti par une hypothèque ou un gage mobilier, il faut, pour lui assurer une efficacité bienfaisante, que le gage ou l'hypothèque soient d'une sécurité indubitable et d'une réalisation facile, que les frais d'acte ou d'administration soient médiocres (ce à quoi l'État peut contribuer) et que les intérêts du prêt ne dépassent pas le rendement probable des opérations de l'emprunteur. Si le crédit est personnel, il faut, plus encore qu'au cas de crédit réel, tenir compte de la capacité et de la moralité de l'emprunteur. Le baron Louis a fondé le crédit public en France par la ténacité avec laquelle il a voulu, sous la monarchie légitime, après une double invasion, que toutes les dettes du pays sans exception fussent acquittées intégralement, au prix même des plus cruels sacrifices. Les individus et les groupes sociaux ne peuvent avoir un crédit solide et emprunter à bon marché que sous cette condition primordiale du respect de la dette. Si ce respect n'existe pas chez les ruraux, quelque ingénieuses que soient les combinaisons de crédit agricole qu'on inventera, le crédit pour le cultivateur sera nul. S'il existe, tout le reste viendra par surcroît. On envie, avec raison, le crédit commercial, mais le crédit commercial a pour corollaire obligatoire le sentiment de l'honneur commercial qui invite l'homme à de suprêmes efforts pour ne pas subir la honte de manquer à ses engagements ;

5° L'État est très mauvais appréciateur des conditions du crédit, surtout quand il s'agit de crédit personnel. Il est trop dominé par les nécessités politiques, trop éloigné des emprunteurs, trop peu instruit de leurs mérites plus ou moins apparents, trop insuffisamment responsable de ses actes. D'autre part les individus isolés ne sont pas toujours en mesure, soit de recevoir, soit de donner le crédit. La concentration des capitaux permet des opérations plus vastes et plus fécondes. Le groupement des emprunteurs augmente leur solvabilité et leur procure le crédit à meilleur marché. C'est aux sociétés et aux associations libres qu'il appartient de porter à son *maximum* la puissance et la diffusion du crédit. Nous réservons pour notre troisième partie l'examen des services qu'elles peuvent rendre et des règles qu'il leur convient de suivre pour ne pas être inférieures à leur tâche.

§ 5. — MINIMUM DE LOISIR ET DE SALAIRE.

En même temps qu'ils proposent de confier à l'État les chemins de fer, les mines, les assurances et la banque, les socialistes demandent qu'on établisse par une loi un *minimum* de loisir et de salaire.

Quand il s'agit des enfants et des adolescents, tout le monde convient qu'il est juste de limiter la durée du travail. Il n'y a pas là atteinte à la liberté, pas plus que dans le cas de l'instruction obligatoire. Le mineur ne dispose pas de lui-même. En fait, jusqu'à un âge qui varie selon les individus et, en droit, jusqu'à sa majorité légale, l'enfant est soumis à l'autorité paternelle. Cette autorité, très naturelle et très légitime, ne doit pas être absolue. L'expérience a prouvé qu'elle était souvent abusive. Comment pourrait-elle être tempérée, si ce n'est par l'intervention de l'État? On peut discuter sur la limite. Il faut tenir compte d'une part de la faiblesse de l'âge, d'autre part des besoins de la famille et des nécessités de l'apprentissage. Ces divers éléments ne sont pas faciles à apprécier, mais leur appréciation, quelque difficile qu'elle soit, ne peut être éludée. La limite sera différente en divers pays et en divers temps ; ce qui s'impose, c'est le principe même d'une limite.

Quand il s'agit des adultes, la limite n'a plus de raison d'être. Ici il y aurait vraiment atteinte à la liberté. Les adultes disposent d'eux-mêmes. Les mettre en tutelle à perpétuité, ce serait les dégrader. Les socialistes prétendent, il est vrai, que le contrat de travail n'est pas libre. Aucun contrat ne l'est d'une manière absolue. Le contrat de travail ne l'est pas moins que les autres. C'est toujours le besoin qui pousse à un contrat, comme à tout autre acte utile. On vend, on achète, on loue, on prête, on emprunte, on travaille, pour soi, ou pour les autres, avec promesse d'une rémunération, sous l'empire d'un besoin. L'industriel qui loue des travailleurs a besoin d'employer ses capitaux, d'exercer son activité, il ne veut pas laisser inertes les ressources matérielles, morales et intellectuelles dont il dispose. Si les travailleurs lui manquent, son usine chôme, les commandes s'adressent à d'autres, sa fortune, sa carrière, son honneur sont perdus ou compromis. L'ouvrier de son côté a besoin d'occuper ses bras. Si le travail lui est refusé, ou s'il le refuse, il souffre jusqu'à ce qu'il ait trouvé une autre situation. Dans le débat qui s'engage, aucune des deux parties n'est complètement libre. La liberté est plus ou moins grande tantôt pour l'une, tantôt pour l'autre, suivant les circonstances. La loi de l'offre et de la demande fait pencher la balance tour à tour en faveur de l'ouvrier et en faveur de l'industriel. Dans les grèves judicieusement entreprises, nous voyons souvent les patrons céder et, en dehors des grèves, les salaires montent peu à peu quand les industries se développent. Bien loin d'être augmentée par une loi limitant la durée du travail, la liberté du travailleur serait amoindrie, puisqu'il ne pourrait plus prolonger son travail en proportion de ses besoins et de ses forces : il serait condamné aux loisirs forcés.

Ce n'est pas qu'une augmentation de loisirs ne puisse être légitimement désirable. Le progrès des machines ayant rendu le travail plus productif et mieux rémunéré, l'abondance des denrées de consommation populaire, obtenue en dépit des protectionnistes, ayant développé le bien-être général, il est naturel que l'ouvrier soit souvent plus préoccupé d'avoir des loisirs que de gagner davantage. Si ces loisirs sont bien employés, s'ils profitent à la famille, à l'instruction, aux distractions honnêtes et hygiéniques, il y a lieu de s'en réjouir. Mais qui décidera du choix à faire en présence de l'alternative offerte? Le travail réduit sera-t-il aussi productif que le travail prolongé? L'affirmative n'est pas impossible, on en peut citer des exemples, mais elle est douteuse. Par suite de la réduction, les salaires baisseront-ils ? La même réduction conviendra-t-elle à toutes les industries et dans toutes les saisons ? Si l'on fait des distinctions, l'autorité administrative pourra-t-elle les déterminer sans arbitraire, en pleine connaissance de cause ? La limite imposée sera-t-elle une moyenne annuelle, mensuelle, hebdomadaire, ou bien sera-t-elle invariable pour chaque jour ? Les questions se pressent en foule, questions délicates, épineuses, d'une extrême complexité, de nature à rendre anxieux les esprits les moins circonspects. L'État nous paraît impropre à les résoudre. Les associations seules ont chance d'y réussir, dans la mesure du possible, pourvu qu'elles soient vraiment libres et qu'elles procèdent autour d'elles par voie de liberté, sans violence, ni menace, après mûr examen et réflexion sérieuse. Leur organisme est plus souple, plus varié, mieux adapté aux personnes et aux choses que celui de l'État et leur autorité morale n'a pas les inconvénients d'un pouvoir coercitif.

Ceux qui se passionnent pour un *minimum* légal de loisir s'imaginent volontiers que l'on diminuerait ainsi le nombre des sans-travail. La quantité de travail demandée étant immuable, d'après eux, la quantité offerte par chaque travailleur étant moindre, il faudrait bien occuper un plus grand nombre de bras. L'effet contraire serait, selon nous, infiniment plus probable. Les ressources des consommateurs ne sont pas indéfiniment extensibles. Si les prix augmentent, les commandes diminueront et avec elles diminuera le nombre des travailleurs employés ; on recherchera de préférence les ouvriers qui produisent beaucoup en peu de temps ; les autres ne pouvant plus compenser, par un travail plus long, leur moindre habileté, seront laissés de côté. Toutes les industries qui, par leur nature, comme la pêche et les modes, ne comportent pas un travail régulier et sont soumises à des alternatives fatales de chômages et de coups de collier, péricliteront ; de nombreux débouchés seront ainsi fermés. C'est ce qui arrive déjà par l'abus des grèves et l'extension des hauts salaires à tous les ouvriers, sans distinction de mérite, extension souvent sollicitée et quelquefois fort imprudemment réalisée.

Un *minimum* de salaire produirait des effets analogues : uniformité désastreuse, diminution de commandes, recherche exclusive des ouvriers les mieux doués. En outre, sous peine d'être inefficace, une pareille mesure nécessiterait le *maximum* légal du prix des denrées, mesure qui a été expérimentée sous l'empire romain, deux fois en France au XVIIIe siècle et dans d'autres pays à diverses époques, sans aucun résultat utile. Bien plus encore que pour surveiller la limitation de la durée du travail, il faudrait une nuée d'inspecteurs pour relever les innombrables et incessantes violations de lois aussi violemment contraires à la liberté individuelle. Beaucoup de désordre, beaucoup d'arbitraire et, en somme, un accroissement de misère, telles seraient les conséquences des *minima* et des *maxima* imposés.

§ 6. — ORGANISATION DES GRÈVES.

Les socialistes proposent enfin ce qu'ils appellent l'organisation des grèves. Il ne leur suffit pas de soumettre le travail à certaines conditions, plus ou moins rigoureuses, ils contestent à l'individu le droit même de travailler, ce droit que Turgot, dans le préambule fameux de l'édit de 1776, déclarait le plus sacré et le plus imprescriptible de tous les droits. Un syndicat, dominé le plus souvent par des hommes étrangers aux choses industrielles, ordonne la grève. La minorité du syndicat doit obéir, les non-syndiqués sont assujettis à la même obligation et la sanction du refus d'obéissance est une peine correctionnelle. De sorte que l'engagement de travailler, en vertu d'un contrat loyal, ne donne lieu, s'il est violé, qu'à des dommages-intérêts, mais l'engagement de ne pas travailler est sacro-saint, garanti par des peines sévères. Cet engagement préalable du travailleur n'existe peut-être pas. On passe outre, le fait de travailler est puni néanmoins, comme aux plus tristes jours du moyen âge, il constitue un délit par cela seul que le syndicat l'a interdit. Il est difficile, en vérité, d'inventer quelque chose de plus oppressif. Nous sommes à l'extrême limite qui sépare les mesures préparatoires proposées par les socialistes des institutions définitives qu'ils ont en vue.

Ces mesures préparatoires, nous croyons l'avoir démontré, ne peuvent produire aucun bien. Il ne s'ensuit pas qu'elles seraient inefficaces : elles bouleverseraient de fond en comble la société actuelle, elles pousseraient fatalement à un changement radical. Les socialistes espèrent qu'on arriverait par l'excès du mal, par l'acuité des souffrances, à une révolution d'où sortirait triomphante la doctrine collectiviste. Ne se trompent-ils pas ? Ne serait-ce pas plutôt la dictature qui surgirait ? On pourrait bien ne pas vouloir renoncer à l'ordre social dont les principes ont été posés en 89, mais le régime parlementaire ayant été reconnu impuissant à maintenir ces principes, on se tournerait, comme on est toujours tenté de le faire dans les crises réelles et dans les crises d'imagination, vers un sauveur quelconque, muni de pleins pouvoirs pour défendre la propriété et le droit de travailler. Les libertés politiques seraient de nouveau sacrifiées, de nouvelles aventures, fruit ordinaire du despotisme, seraient tentées au dehors et de nouveaux désastres nous menaceraient. Mais supposons que la nation effarée ne se jette pas dans les bras d'un dictateur, supposons que le suffrage universel favorise les socialistes ou ratifie après coup la révolution accomplie par eux, quelle idée doit-on se faire de l'organisation sociale qu'ils préconisent et qu'ils seraient alors en mesure de réaliser?

V. — Le Collectivisme.

Il y a eu, dans la première moitié du XIXe siècle, des novateurs ingénieux qui ont cherché, dans des combinaisons sociales nouvelles, le moyen de diriger, d'une manière plus savante, les efforts de l'activité humaine, de rendre le travail plus attrayant et d'en répartir les produits avec plus d'équité, sans supprimer la propriété individuelle. Ils ne trouvaient pas juste la répartition qui résulte du libre jeu des lois économiques, mais ils ne méconnaissaient pas qu'il fallût tenir compte des trois facteurs de la production : le capital, y compris la terre, le talent et le travail. Ils ne proposaient de sacrifier aucun des trois.

Saint-Simon et Fourier, pour ne citer parmi eux que les plus célèbres, ont eu de nombreux disciples. Ils en ont peut-être encore. Leurs idées sur certains points ont pénétré, par voie d'infiltration, dans les masses beaucoup plus qu'on ne serait porté à le croire, d'après le nombre de ceux qui professent ouvertement leurs doctrines. A de justes vues sur le rôle de l'association, ils ont mêlé des erreurs qui se sont insinuées au sein même d'une partie de la bourgeoisie : ils ont méconnu les bienfaits de la liberté commerciale et, considérant comme bonnes toutes les passions, si on ne contrarie pas leur essor, ils ont raillé les moralistes qui conseillent de les refréner.

Les socialistes actuels se sont détournés des combinaisons imaginées par ces novateurs primitifs. Leur but, proclamé bien haut, en France et à l'étranger, c'est, avec quelques atténuations, ce qu'on appelait autrefois le communisme, ce qu'on appelle aujourd'hui le collectivisme, c'est-à-dire la mise en commun de toutes les ressources sociales : approvisionnements, instruments de travail, machines, installations industrielles, magasins, logements, fonds de terre, etc., et par conséquent la suppression plus ou moins complète de la propriété individuelle.

Quelles libertés subsisteraient si ce régime était pleinement réalisé ? On peut répondre hardiment : aucunes.

D'abord toutes les libertés économiques disparaîtraient. La vente et l'échange, le louage de choses et le louage de services, le prêt, la société civile ou commerciale seraient interdits. Tous ces contrats supposent en effet quelque chose qui n'est pas socialisé, qui est possédé ou peut être acquis à titre individuel.

Les libertés de l'ordre moral et intellectuel du moins seraient-elles respectées ? Que deviendraient la liberté de la presse, la liberté d'enseignement, la liberté religieuse, la liberté de la science et de l'art ?

La presse, l'enseignement, les cultes, les travaux scientifiques et artistiques sont impossibles en dehors de certaines conditions matérielles. Il leur faut des édifices, des machines, des instruments, des meubles, des laboratoires, des ateliers. Si ce matériel appartient à la communauté, s'il doit être demandé à un fonctionnaire ou à un syndicat, comment pourrait-on en disposer librement ? Et si l'on n'en dispose pas librement, les libertés morales et intellectuelles ne seraient-elles pas par cela même entravées ou étouffées ?

Et puis, au nom de quel principe, admettrait-on pour l'individu le droit de manifester sa pensée, quand on lui refuse le droit de faire des contrats? On dit que le contrat n'est jamais sérieusement libre, que l'une des parties est toujours inférieure à l'autre, dominée et exploitée par elle. On en conclut que le pouvoir social seul peut régler convenablement les rapports des individus entre eux. Combien sera plus grande, à ce point de vue, et plus dangereuse, la supériorité du professeur sur l'élève, du savant sur l'ignorant, de l'artiste sur ceux qui voyent ou entendent ses œuvres, du ministre d'un culte sur les fidèles attachés à son église ! L'intervention du pouvoir social paraîtra bien vite ici plus légitime encore et plus nécessaire que dans les contrats de la vie usuelle dont l'objet est en général à la portée des intelligences les plus faibles.

La presse laissée libre serait un dissolvant que le régime collectiviste ne pourrait pas supporter. Tant que la société capitalistique demeure, la presse favorise volontiers les tendances socialistes. Il est si facile de critiquer ce qui existe, si amusant de tourner en dérision l'organisme actuel, si profitable de vilipender les gros personnages de la finance et de l'industrie, si commode de déclamer à propos des misères humaines, si doux de rêver un avenir meilleur. Le régime collectiviste une fois établi perdrait son prestige. C'est contre lui et contre ses chefs qu'on décocherait les traits les plus aigus de la satire. Il prêterait certes au ridicule au moins autant que le régime antérieur. On ne lui épargnerait ni les caricatures ni les mots cruels. Les amateurs de scandale, de diffamations hasardées, de paroles mordantes, de discussions enflammées, de véhémentes invectives passeraient, comme toujours, du côté de l'opposition.

Les collectivistes pourraient d'autant moins patienter en présence de ces attaques qu'ils arriveraient au pouvoir en pleine crise, dans un pays aigri par les souffrances qu'auraient multipliées les mesures préparatoires dont il a été question plus haut. Ils arriveraient en outre imbus profondément de cette idée que la majorité habilement travaillée par les malins, ceux que Fourier appelait les « cabalistes », a tous les droits, que la souveraineté absolue lui appartient et que les minorités devant elle ne comptent pas.

Les communistes en 1848 faisaient appel au sentiment de la fraternité. J'ai beaucoup connu, aimé et admiré l'un d'eux, malgré nos divergences d'opinion. C'était Louis Blanc. La formule qui résumait son système : « à chacun selon ses besoins, de chacun selon ses forces », avait, sans aucun doute, un caractère communiste. Mais l'application de cette formule ne se séparait pas, dans sa pensée, du développement de l'esprit de fraternité. Il croyait que le règne de la fraternité devait et pouvait succéder au règne de la liberté, qui elle-même avait remplacé l'autorité.

Aujourd'hui, on invoque le droit strict en faveur du régime collectiviste. C'est au principe d'autorité qu'on fait appel. C'est le pouvoir absolu d'une majorité plus ou moins aveugle, intimidée peut-être par une minorité violente, qui présidera à l'organisation de la société nouvelle. C'est lui qui répartira les tâches et distribuera les rations, en raison des forces et des besoins. L'esprit de fraternité, dont on croit pouvoir se passer, n'étant plus là comme dans les utopies de 48, pour adoucir les rouages du mécanisme social, ce sera le règne pur et simple de l'intolérance illimitée.

Toutes les libertés ayant disparu avec la propriété individuelle, la famille, embryon sacré de toutes les sociétés, serait menacée de dissolution. Si l'homme n'est pas libre quand il loue son travail, quand il vend, quand il achète, quand il emprunte, l'est-il davantage quand il se marie ? Des entraînements de toute sorte, qui ne sont pas toujours ceux du cœur, poussent l'un vers l'autre un homme et une femme. Les voilà liés pour la vie. Le contrat qui les unit, le plus solennel de tous et le plus grave, ne peut être rompu, même sous l'empire des législations qui admettent le divorce, que dans des circonstances exceptionnelles, pour des motifs déterminés par le législateur et appréciés par les tribunaux. Pourquoi ce contrat aurait-il plus de valeur qu'un autre ? Ne vaudrait-il pas mieux s'en tenir à des unions purement temporaires, réglées, comme tout le reste, par le pouvoir social qui pourrait ainsi influer sur l'accroissement ou la restriction de la population, sur la vigueur et la beauté des générations à venir? Les enfants, d'ailleurs, sous peine de porter atteinte au dogme de la sacro-sainte égalité, seraient élevés exclusivement par l'État, ou par les syndicats particuliers, sous la surveillance du syndicat général. Dès lors, le mariage serait réduit à sa plus simple expression et la famille, de plus en plus rudimentaire, s'évanouirait peu à peu.

Pour compenser la perte du foyer familial et de la liberté, y aurait-il du moins accroissement du bien-être matériel, apaisement des souffrances physiques et morales?

Beaucoup d'animaux, tels que les abeilles, les fourmis, les écureuils, accumulent des provisions. Ils nous donnent l'exemple de la prévoyance et de l'épargne. L'homme est comme eux, et à un plus haut degré encore, un être essentiellement capitaliste. C'est à peine s'il peut vivre sans capitaux. Il en a besoin pour attendre le moment où son travail produira ses fruits et il en a besoin pour rendre son travail plus productif. Les outils et les machines qu'il invente centuplent ses forces. Mais l'épargne qui constitue les capitaux est un effort. Cet effort, sous le régime actuel, est stimulé par la perspective de la propriété. Comment ce stimulant sera-t-il remplacé sous le régime collectiviste? Les chefs de la communauté prélèveront une part des produits du travail. Cette part ne sera pas facile à déterminer. Des fonctionnaires, à peu près inamovibles, seront-ils aussi actifs, aussi éveillés, aussi énergiques, aussi attentifs pour la création et la conservation des capitaux, que des individus libres, responsables de leurs actes sous peine de ruine? C'est peu probable. Les prélèvements faits en masse, avant la distribution des produits, ne seront pas complétés, comme ils le sont aujourd'hui, par ces milliers de petites économies faites sur la consommation journalière par les personnes qui ont de l'ordre. Ces petites économies, qui sont les affluents des grands capitaux, on ne les obtiendra pas par voie autoritaire. Les choses se passeront comme en temps de siège quand on rationne les denrées : chacun prend sa ration tout entière et le superflu, s'il y en a, est gaspillé.

On aura donc moins de capitaux, par suite une moindre production et une moindre consommation. La consommation, amoindrie dans son ensemble, sera-t-elle mieux répartie ? L'équivalence de tous les logements, des meubles meublants, des denrées de toutes sortes sera un problème à résoudre très analogue à la quadrature du cercle. Il y aura forcément des parts meilleures que les autres et ces parts appartiendront aux plus habiles, non comme producteurs, mais comme quémandeurs. Chacun cherchera à dissimuler ses ressources et à gonfler ses besoins.

La concurrence, si détestée par les mauvais travailleurs, si choquante pour les âmes sensibles, n'aura pas disparu. Elle se sera seulement transformée. Au lieu de la concurrence qui sert d'aiguillon, on aura la concurrence qui déprime, la concurrence, non au profit de ceux qui produisent plus vite et mieux, mais au profit des solliciteurs qui, produisant le moins possible, consacrent leur temps et leur peine à mettre la main sur les meilleures places et les meilleurs morceaux.

La loi de l'offre et de la demande, la loi d'airain, comme on l'appelle pour la vouer à l'exécration publique, sera-t-elle détruite? La force des choses en imposera le respect à ceux qui la maudissent. Si le nombre de ceux qui veulent être orateurs, professeurs, artistes, savants, écrivains, poètes devient trop grand, et il sera immense, il faudra bien le limiter. Il faudra imposer au travailleur un travail autre que son travail préféré. C'est précisément ce qui a lieu aujourd'hui, avec cette différence que chacun peut, à ses risques et périls, tenter le succès dans une carrière encombrée et que parfois sa témérité réussit. Sous le régime collectiviste, cette chance que donne la liberté à ceux qui ont foi en eux, manquera. Il faudra se soumettre aux ordres des fonctionnaires investis de la mission délicate d'apprécier, sur toute la surface du territoire, toutes les aptitudes.

En dépit des efforts des niveleurs, l'inégalité subsistera et, avec elle, l'envie. Avec les mêmes ressources, en supposant qu'on puisse les rendre égales, il y aura des familles qui sauront mieux que d'autres tenir leur ménage, assainir leur logement, conserver leurs meubles, leur linge, leurs vêtements, préparer et servir leurs repas. La santé, la vigueur, la beauté, l'adresse, l'intelligence, l'esprit, la bonne humeur, la grâce, la bonté, l'art de plaire, le charme qui attire la sympathie et inspire l'amour, ne seront pas au même degré chez tous les êtres humains. On n'enviera pas la richesse. Qu'importe, si d'autres choses plus attrayantes encore sont enviables? Surexcitée par la lutte contre la société capitalistique, l'envie rongera les cœurs plus que jamais et le paradis promis sera un enfer.

Après le communisme matériel, la passion égalitaire continuant à sévir, un autre communisme se montrerait menaçant, celui-là radicalement subversif de toute civilisation. Je veux parler du communisme intellectuel. On peut, à la rigueur, concevoir que la différence des mérites n'entraîne pas la différence des traitements. Mais cela ne suffirait pas pour satisfaire ceux qui se sentiraient blessés dans leur amour-propre par la supériorité d'autrui. On voudrait que la différence des mérites n'eût pas d'influence sur l'attribution des fonctions. Par le sort ou par des choix arbitraires, les hautes fonctions seraient indifféremment dévolues à tel ou tel membre de la communauté. Quelques symptômes de cette funeste tendance apparaissent déjà sous le régime actuel. Que serait-ce sous l'empire du collectivisme ? Aucune des conquêtes de l'homme sur la nature ne résisterait à une pareille aberration. C'est par le travail bien dirigé que l'humanité a grandi. L'exclusion des supériorités intellectuelles la reporterait aux époques lointaines où elle émergeait péniblement du sein de l'animalité.

Sans aller si loin dans le sens rétrograde, quel progrès pourrait-on attendre d'une société où les aptitudes seraient uniquement appréciées et éprouvées par des corps constitués, investis d'une autorité absolue, nécessairement enclins à la routine, où il n'y aurait pas d'autre science que la science officielle, d'autre littérature que la littérature autorisée, d'autres œuvres artistiques que les œuvres approuvées par des jurys d'État ou par des syndicats d'artistes, d'autres entreprises industrielles que les entreprises conçues par des majorités peu accessibles aux innovations?

L'énergie, l'imagination, l'esprit d'initiative, la clairvoyance, les vues à longue portée, la maîtrise de soi, sans lesquels rien de sérieux ne se crée, sont fomentés et développés par la liberté. D'une masse d'individus énervés par la servitude ou démoralisés par le despotisme, on ne fera jamais sortir des hommes dignes de commander à leurs semblables, de les éclairer, de les soutenir dans leurs épreuves. Les vertus sociales, cessant d'être alimentées par l'afflux des vertus individuelles, s'éteindraient peu à peu.

Stagnation, misère croissante, ruine générale, décadence progressive et décrépitude finale, telles seraient les conséquences logiques du collectivisme. Ce serait une seconde nuit, plus profonde, plus complète que la nuit du moyen âge. Heureusement aucun système ne comporte une application intégrale. En fait, il est probable qu'un certain nombre de libertés, çà et là, seraient sauvegardées et atténueraient le mal. Un revirement se produirait sans doute à la longue, une sorte de renaissance, comme au XVIe siècle, et l'humanité reprendrait sa marche dans les voies libérales, après un essai malheureux qui lui aurait fait perdre en partie le bénéfice de ses évolutions antérieures et dont elle n'arriverait pas, sans de pénibles efforts, à réparer les effets.

VI. — Étendue rationnelle des attributions du pouvoir social. — A. Éliminations.

Les attributions qu'il convient de donner au pouvoir social ne peuvent être déterminées d'une manière absolue. Elles dépendent des mœurs, du caractère, du passé historique des peuples, du développement des associations libres, du climat, de la nature du sol et de circonstances plus ou moins durables. On peut seulement en fixer les limites extrêmes. En deçà d'une certaine limite, la sécurité fait défaut ; au delà, la liberté individuelle est si gravement atteinte que la nation tout entière s'étiole et dépérit. En France, à l'heure actuelle (août 1897), voici les attributions qui devraient être, selon nous, éliminées, et celles qu'il serait bon de maintenir ou d'agrandir.

En ménageant, bien entendu, les transitions, j'éliminerais la réglementation du travail des adultes, les primes à des industries spéciales et les tarifs de douane prohibitionnistes ou protecteurs.

Sur le premier point, j'ai déjà donné, en étudiant les projets socialistes, les raisons qui militent contre l'intervention de l'État ou des syndicats armés d'un pouvoir coercitif. Je ferais une seule réserve pour le travail des femmes dans les mines. Des motifs supérieurs d'hygiène et de décence ne permettent pas de l'autoriser.

Sur le second point, j'estime qu'il n'y a aucun intérêt à favoriser une industrie plutôt qu'une autre. Les capitaux et les bras détournés en faveur d'une industrie privilégiée, feraient prospérer des industries plus robustes, mieux appropriées au génie national, plus conformes aux intérêts généraux du pays.

Sur le troisième point, j'ai exposé mes objections à la tribune du Sénat et dans une brochure intitulée la *Réaction économique*. Le système protectionniste est injuste parce que la répartition du bénéfice qu'il procure ne peut être égale pour toutes les industries et que la surcharge qu'il impose aux consommateurs pèse principalement sur les moins aisés. Il nuit à la production parce qu'il émousse l'aiguillon de la concurrence et qu'il pousse ou retient les producteurs dans des entreprises dont le mérite intrinsèque est nul ou douteux et dont la prospérité de mauvais aloi est due uniquement au tribut prélevé par l'État sur l'ensemble des citoyens. Il nuit à la consommation parce que plus les produits sont d'origines diverses, plus ils sont variés, plus ils se vendent à leur juste prix, plus aussi ils attirent les consommateurs. Il nuit au crédit et fait hausser la valeur de la monnaie en raréfiant ces traites internationales résultant d'échanges lointains qui jouent le rôle de monnaie et suppléent la monnaie métallique, dans une certaine mesure, par la confiance qu'elles inspirent. Il ne fait hausser les salaires qu'en apparence et ne réussit même pas toujours à procurer une hausse nominale : plus le travail est conforme aux aptitudes et aux ressources naturelles du producteur, plus il est productif ; plus il est productif, plus la part du salarié tend à augmenter, si l'on considère non la somme qu'il reçoit, mais la quantité et la qualité des objets qu'il peut avoir avec la somme reçue. Il avive et aigrit les sentiments hostiles des peuples les uns contre les autres, il suscite ou entretient les conflits entre eux, il contribue ainsi à propager dans le monde cet horrible fléau qu'on appelle la guerre.

Le protectionnisme enfin contrarie un mouvement social, démocratique au plus haut point, dont les effets, manifestés déjà d'une manière sensible, se traduisent par une baisse de tous les revenus et une hausse des salaires presque ininterrompues. Ce mouvement est une véritable révolution réalisée sans violence et sans intervention du pouvoir coercitif. Il semble qu'il devrait plaire aux socialistes, car il tend à égaliser le bien-être en diminuant la part de la richesse acquise et en augmentant celle du travail. Mais les socialistes ne semblent pas l'accueillir avec une grande joie. Ils veulent une égalisation plus complète et surtout ils veulent que l'égalisation se fasse par leur intermédiaire. Ils l'entravent même, peut-être à leur insu, car les grèves téméraires et incessantes, les menaces de spoliation réitérées rendent les capitaux timides et empêchent la baisse générale du taux de l'intérêt d'être aussi accentuée et aussi bienfaisante dans l'industrie qu'elle le serait sans ces immixtions inopportunes.

Les protectionnistes, qui sont les chefs, les complices ou les dupes des partisans des vieux privilèges, les héritiers des passions féodales ne cherchent pas à contrarier la baisse qui atteint les revenus mobiliers, ils seraient plutôt disposés à l'aggraver ; mais ils ne veulent pas qu'elle atteigne les profits de certaines industries, ni surtout les revenus de la propriété rurale. Ils votent, avec raison, les conversions qui réduisent tout d'un coup d'un dixième, d'un cinquième, d'un quart et, en se répétant, d'un tiers ou davantage les revenus des rentiers. Mais ils s'insurgent contre la baisse du revenu des propriétés rurales, baisse plus lente que celle des revenus mobiliers, survenue dans le dernier quart du XIXe siècle, après une hausse énorme qui avait duré au moins soixante ans. Afin de compenser cette baisse, ils établissent sur les produits agricoles des droits qui vont jusqu'à 50 et 60 pour 100, qui équivalent à une subvention annuelle de plus d'un milliard et qui procurent à tel ou tel propriétaire, au préjudice de ceux qui ne produisent pas les denrées taxées ou en produisent juste assez pour leur consommation, un revenu supplémentaire de plusieurs milliers de francs. Ils anéantissent ainsi, autant qu'il dépend d'eux, les heureux effets d'une révolution sociale, émancipatrice des travailleurs, pacifiquement accomplie par la mise en culture des terres nouvelles, l'amélioration des moyens de transport et les progrès de la science agronomique.

Pour justifier le protectionnisme, on nous montre, dans un avenir prochain, la désertion des campagnes et la concentration de la population dans les villes. On exalte les avantages de la vie rurale au point de vue de la santé publique, de la force militaire et de la moralité. Ces avantages, dit-on, ne sauraient être achetés trop cher, même au prix de quelques milliards versés par les urbains aux ruraux.

La prédominance de la vie urbaine n'est pas un phénomène exclusivement propre aux pays de libre échange. Il se produit sans doute avec une grande intensité en Angleterre et en Belgique, où l'abondance de la houille, qui est le pain de l'industrie, la favorise singulièrement. Mais on peut le constater aussi en Allemagne et aux États-Unis qui sont à un haut degré protectionnistes. En Angleterre même, il est antérieur à la réforme des lois sur les céréales, prélude de la liberté commerciale. A vrai dire, il est universel.

Dans tous les pays civilisés, la vie urbaine a plus d'attrait que la vie rurale pour le riche et pour le pauvre. Le riche n'aime guère à la campagne que la chasse. Il la néglige dans les mois les plus beaux de l'année, en mars, avril, mai, juin et juillet. Le spectacle divin de la renaissance de la nature, cette succession merveilleuse de feuillages et de fleurs, ce parfum des prairies qu'on fauche, ces fruits qui pendent aux arbres et les décorent, ces moissons qui prennent des teintes d'or et d'ambre sous les rayons d'un soleil brûlant, tout cela le laisse indifférent. Les plaisirs mondains, les théâtres, les concerts, les bals, les grands dîners, les soirées, les expositions, les courses, les défilés des promenades à la mode le retiennent très tard à la ville. Le pauvre y cache mieux sa gêne, il a plus d'occasions de sortir de peine. De plus hauts salaires, compensés, hélas! par bien des chômages et bien des privations, le séduisent. Il a lui aussi sa part, à bon marché, des plaisirs. Il a sans cesse sous les yeux mille choses curieuses et attrayantes, étalées avec goût dans des magasins ou des boutiques splendides. Les cafés-concerts, certaines places aux théâtres, des cabarets et des restaurants de toute espèce, à tout prix, les courses enfin, où il va risquer ses maigres économies, lui sont accessibles.

Ce n'est pas seulement l'attrait des plaisirs et des hauts salaires qui causent la désertion des campagnes. L'importance toujours croissante des travaux intellectuels, le rôle de plus en plus grand des machines et des produits chimiques dans les exploitations industrielles, et même agricoles, y contribuent pour une large part. Le séjour à la campagne, très favorable à la méditation, ne se prête pas facilement aux recherches scientifiques, ni en général aux œuvres de l'esprit. Il faut aux écrivains, aux savants, aux artistes, des bibliothèques, des laboratoires, des collections, des musées, des ateliers, de vastes salles, disposées d'une manière particulière, pour le professorat, pour la représentation, pour l'exhibition ou l'audition et enfin une sociabilité intense, le contact avec un public nombreux et varié, avec des émules, des maîtres ou des disciples, une sorte de serre chaude où les intelligences s'exaltent, ce qui ne se trouve pas hors des villes. La construction des machines et la fabrication des produits chimiques ne se font pas toujours dans les villes, mais, quand elles se font hors d'elles, elles créent par leur existence même de véritables centres urbains, des agglomérations qui, au sein des campagnes, ont perdu presque complètement le caractère rural.

L'abandon de la vie rurale, dans les limites où il se manifeste quand il n'est ni favorisé ni contrarié par le pouvoir coercitif, correspond à un accroissement de vie intellectuelle. Il est le signe non équivoque et en partie la cause de la domination exercée par l'homme sur la nature et de ses aspirations vers l'idéal.

Sous l'empire du libre échange, certaines cultures seraient restreintes, d'autres seraient perfectionnées, d'autres plus étendues. Les superficies emblavées diminueraient peut-être, mais la production en céréales ne diminuerait pas dans une proportion équivalente, l'emploi judicieux des machines et des engrais rendant la terre plus féconde. Les pâturages s'étendraient. On se tournerait, comme on l'a fait en Danemark, avec une activité plus intense vers la production du lait, du fromage et du beurre. Les exploitations forestières seraient moins négligées, au milieu d'un peuple qui en comprendrait mieux l'importance climatérique. La petite culture, celle des vergers et des potagers se développerait de plus en plus, car elle est étroitement liée au voisinage des villes et à l'accroissement du bien-être général.

Sous l'empire du protectionnisme, la concentration qu'on redoute a lieu, malgré toutes les résistances officielles, mais dans de moins bonnes conditions ; l'initiative des citoyens n'est pas stimulée au même degré et le bien-être général se ressent des prélèvements monstrueux faits au profit des grands propriétaires.

Ce qui est possible et désirable, ce n'est pas le refoulement, par voie autoritaire, des populations dans les campagnes, c'est la pénétration mutuelle de la vie urbaine et de la vie rurale. Il faut que la vie rurale devienne plus intellectuelle, la vie urbaine plus saine et plus morale. Cette pénétration se fait déjà par le cours normal des choses. Loin de la contrarier, il importe de la favoriser énergiquement.

L'hygiène publique et privée, qui a tant d'influence sur la moralité, a progressé dans les villes, d'une manière remarquable, depuis un quart de siècle. Un grand nombre d'urbains ont leur domicile dans la banlieue. Le centre des villes est de plus en plus réservé pour les affaires, la banque, l'administration, le commerce, les industries de luxe. Les jours de repos assurés aux travailleurs, les vacances que comportent beaucoup de carrières sont de plus en plus employés au dehors. Les voyages scolaires permettent aux enfants des familles les plus déshéritées de respirer pendant quelques semaines l'air pur au loin. Des hôpitaux, des hospices, des asiles sont établis dans des régions salubres, quelques-uns sur le bord de la mer. De belles promenades existent dans les villes et aux approches des villes. Elles pourraient et devraient être plus nombreuses, plus vastes, mieux surveillées. Il est regrettable qu'on concède en partie à des particuliers ces précieux terrains domaniaux, qu'on les laisse envahir peu à peu par des buvettes qui se transforment très vite en petits châlets, puis en restaurants, par des hippodromes, par des baraques de forains, non moins fâcheux qu'on ferme par des grillages, en vue de la chasse, des bois qui largement ouverts à tous seraient de véritables réserves de santé.

Les ruraux, d'autre part, sont et doivent être de plus en plus rapprochés des villes par le perfectionnement des moyens de transport : routes, chemins de fer, tramways, bateaux à vapeur, automobiles, vélocipèdes. De plus en plus, ils doivent participer aux distractions d'un ordre élevé qui se trouvent dans les villes, aux trésors scientifiques, artistiques et littéraires qu'elles renferment : théâtres, musées, bibliothèques, concerts, conférences. Dans les communes les plus éloignées des centres urbains, la vie intellectuelle peut être entretenue, dans une certaine mesure, par le souci des affaires municipales, par les discours ou les leçons des conférenciers ambulants, par le développement des sociétés de secours mutuels, des syndicats agricoles et autres associations libres, laïques ou religieuses, par la présence des propriétaires riches, de ceux-là précisément qui déclament contre la désertion des campagnes, soutiennent le protectionnisme agricole et quittent la ville tout au plus pour la chasse et les vendanges, par la passion devenue moins rare des sciences naturelles qui provoquerait des observations et des recherches météorologiques, botaniques, zoologiques et géologiques, enfin et surtout peut-être par l'application à la culture des méthodes rationnelles exigeant l'usage des machines, la connaissance des divers engrais, de leurs effets, selon la nature du sol, des amendements de toutes sortes que la terre comporte et en général de toutes les améliorations susceptibles de rendre plus fructueuses les exploitations agricoles.

VII. — B. Attributions maintenues.

§ 1. — FINANCES.

Aucun gouvernement ne peut remplir sa mission s'il n'a pas de bonnes finances. Les finances sont bonnes quand le service de la dette publique est assuré et que les dépenses sont couvertes par les recettes annuelles. Elles sont excellentes, si, en outre, une partie notable de la dette est régulièrement amortie. Un amortissement de 1 pour 100 sur le capital remboursable peut être considéré comme un objectif digne des plus grands efforts.

L'amortissement peut du reste prendre des formes très diverses. Tantôt il consiste dans un remboursement volontaire fait à une époque non déterminée à l'avance. Tantôt il est inhérent au service même de la dette, il s'ajoute, en vertu de la loi d'emprunt, au service périodique des intérêts ou des arrérages. Quand un État fait des avances à une compagnie privée, en vue de certains travaux, il acquiert contre cette compagnie une créance ; il y a là en germe un véritable amortissement qui se réalisera tôt ou tard, si la compagnie est solvable. On peut aller plus loin et dire que de grands travaux, très probablement productifs, exécutés au moyen de recettes budgétaires annuelles, créent pour l'avenir des ressources et fournissent ainsi le moyen, sinon d'éteindre directement la dette publique, du moins de la mieux supporter. Mais ces sortes d'amortissement ont un caractère aléatoire et il est sage d'en user avec beaucoup de réserve, sans négliger d'en tenir compte quand on examine la situation financière d'un État.

Faut-il exclure toute espèce de budget extraordinaire, c'est-à-dire toute espèce de budget sur fonds d'emprunt? En présence de circonstances réellement extraordinaires qui ne sont pas de nature à se reproduire à bref délai et qui mettent en péril l'existence même de la nation, comme une grande guerre soutenue pour la défense du territoire national, tous les peuples, y compris les plus prudents, ont recours à l'emprunt. Par cela seul qu'un des deux adversaires use de ce procédé, l'autre est tenu de s'y résigner, sous peine de succomber, car on ne peut arriver à se procurer les sommes colossales, que la guerre dévore, qu'en doublant ou triplant les recettes ordinaires et il est presque impossible d'augmenter l'impôt dans de pareilles proportions.

Il n'en est pas de même, en temps de paix, si on est en face de dépenses qui se reproduiront certainement, sous une forme ou sous une autre, à des époques périodiques. Le renouvellement du matériel naval ou militaire est un exemple de ces dépenses éminemment dangereuses. Elles varient d'une année à l'autre, elles peuvent même momentanément disparaître, elles ont sous beaucoup de rapports, une apparence exceptionnelle ; mais tôt ou tard, à des intervalles plus ou moins rapprochés, les nécessités de la défense nationale les imposent et elles ne sont compensées par aucune espèce de revenu. Ce dernier trait les distingue des dépenses causées par de grands travaux publics. Les unes et les autres sont très variables et se renouvellent forcément sous diverses formes. Le budget extraordinaire des travaux est cependant moins dangereux que le budget extraordinaire de la marine et de l'armée, car il crée des ressources en même temps qu'une dépense et, si les travaux sont bien choisis et bien exécutés, les ressources peuvent être adéquates ou supérieures à la dépense.

Exclure les budgets extraordinaires en temps de paix, maintenir rigoureusement l'équilibre des dépenses et des recettes annuelles, sans qu'aucun service essentiel en souffre et avec un amortissement raisonnable, c'est une preuve de force dont les gouvernements sont rarement capables. Pour atteindre ce but, il faut en effet ou augmenter les impôts, ou diminuer les dépenses.

Les impôts sont impopulaires et les économies le sont peut-être encore plus, au moins pendant un certain temps. Ceux qui vivent sur le budget sont très influents sous tous les régimes. Pour réaliser des économies, il faut, sous la monarchie absolue, braver les courtisans, sous la monarchie constitutionnelle, les gros censitaires, sous la république les démagogues.

Le bénéfice d'une dépense profite nettement, de suite et maintes fois dans de très larges proportions, à telles ou telles personnes déterminées, dont on peut dresser une liste, unies par des liens secrets ou visibles, qui se remuent, s'agitent, menacent ou s'insinuent avec une énergie et une persévérance infatigables. Le bienfait des économies n'apparaît qu'à la longue, d'abord à un petit nombre de gens instruits, puis, très lentement, à la masse de la nation. Il se répartit entre tous les contribuables, sans qu'on puisse dire au juste en quoi il consiste pour chacun d'eux. En général, les ministres qui réalisent des économies en sont récompensés après leur mort ou leur chute. Les peuples, qui ne sont pas aussi éphémères que les ministres, grandissent par elles et le patriotisme que leur fermeté, leur perspicacité et leur prévoyance ont rendu manifeste devient pour eux une source de prospérité.

Avec de bonnes finances, le crédit de l'État s'améliore et se consolide ; si la guerre éclate, on emprunte à un taux avantageux ; si la paix persiste, toutes les affaires financières, commerciales, industrielles et agricoles se ressentent de la régularité des opérations gouvernementales; peu à peu les excédents de recettes grossissent et alors une foule de dépenses utiles, qu'on avait sagement différées, peuvent se faire dans d'excellentes conditions.

§ 2. — L'IMPÔT.

A une époque où le pouvoir central était réduit à sa plus simple expression et où d'autre part la souveraineté se confondait avec la propriété, les revenus domaniaux ont pu jouer un grand rôle dans les finances publiques. Aujourd'hui, il n'en est plus de même. Le domaine de l'État, si important encore, comme nous le verrons plus loin, à d'autres points de vue, ne fournit qu'une très faible partie du budget des recettes. Pour obtenir des recettes suffisantes et normales, il faut avoir recours à l'impôt. Tous les États y ont recours, jusques et y compris ceux comme les

États-Unis et la Russie, qui disposent, à titre domanial, d'immenses territoires.

Quels sont les impôts qui doivent être préférés, au milieu de cette multitude de taxes imaginée par l'esprit subtil et inventif des gens du fisc ou de leurs conseillers? Le choix est uniquement entre les moins mauvais, car il n'y en a aucun qui n'ait de très graves inconvénients. Ce choix ne doit pas être déterminé seulement par des considérations générales, économiques et juridiques, mais aussi par les traditions, les habitudes, les mœurs, le caractère, le genre de vie des contribuables, l'état de l'opinion publique, les besoins et les charges du pouvoir social à un certain moment et dans un certain pays.

Les traités sur l'impôt abondent. On en remplirait une très vaste bibliothèque. Nous avons nous-même publié sur ce sujet des travaux assez considérables, fruits de longues recherches et de méditations consciencieuses[1]. Dans le cadre de

1. Voir notamment notre *Histoire de l'Impôt en France*,

cet ouvrage, nous devons nous borner à quelques considérations sur des points essentiels.

La nécessité de tenir compte des mœurs et des circonstances, en matière d'impôt, doit toujours être présente à l'esprit du législateur. L'histoire de l'impôt sur le revenu nous en fournit un exemple des plus saisissants.

§ 3. — L'IMPÔT SUR LE REVENU.

Voilà un impôt qui passe en France pour être particulièrement inquisitorial et vexatoire. Et cependant il existe dans un pays qui est considéré à juste titre comme la terre classique de la liberté individuelle, où l'on a décapité un roi, et d'où l'on en a chassé un autre pour violation des droits de la nation, où le foyer familial est religieusement respecté, où l'intervention du pouvoir social a été, jusqu'à une époque récente, contenue dans des limites très étroites, où le

3 volumes in-8, 1867-1876 et notre *France républicaine*, ch. IV, 1873.

commerce enfin, qui ne laisse pas volontiers connaître ses bénéfices, joue un rôle énorme. Tantôt par voie de déduction, tantôt par voie de déclaration personnelle ou de constatation administrative, il atteint tous les revenus, d'après un taux uniforme, quelles qu'en soient l'origine et la nature, dès qu'ils ont dépassé un certain chiffre. Établi en Angleterre à la fin du XVIIIe siècle, supprimé à partir de la paix, rétabli en 1842, il n'a cessé depuis d'y être appliqué, malgré bien des réclamations (il n'y a pas d'impôt qui n'excite des murmures) et l'état prospère des finances. Il a permis d'accomplir de grandes réformes et dispensé de l'emprunt pour un certain nombre d'expéditions au dehors très onéreuses. M. Gladstone, qui ne lui a pas toujours été favorable, l'a comparé à un géant qui de son bouclier aurait couvert la grande Bretagne en temps de guerre et qui aurait ensuite puissammant aidé aux travaux de la paix. On le retrouve, avec de graves différences, il est vrai, dans beaucoup d'autres pays, notamment en Suisse et en Allemagne.

En France, il a été introduit, sous le nom de dixième, en 1710, à la fin du règne de Louis XIV, par le neveu de Colbert, le contrôleur général Desmarets. Nos ressources ordinaires et extraordinaires étaient épuisées, les services fiscaux désorganisés, les populations en proie à une misère effroyable. Grâce à lui, en dépit des privilégiés, on trouva encore quelque argent, on put donner du pain à nos troupes et Villars sauva la France à Denain. Après une interruption de quelques années, le dixième reparut en 1749, sous le nom de vingtième, et il figurait au nombre de nos impositions en 1789. Il était loin d'être impopulaire, au même degré que les aides et les gabelles, mais il ne rentrait pas dans le plan adopté par la Constituante et, bien que ce plan ait été au XIXe siècle singulièrement bouleversé par la prédominance de plus en plus grande des taxes indirectes, l'impôt sur le revenu est resté longtemps à l'état de souvenir historique. Souvent même on oublie son origine et on le prend pour une innovation.

Les propositions en faveur de l'impôt sur le revenu n'ont pas manqué en 1848 et après les désastres de 1870-1871. Elles ont toujours été repoussées par nos assemblées issues du suffrage universel. Si l'assemblée nationale l'eût adopté, peut-être eût-il réussi en 1872? On était prêt alors à tous les sacrifices et, plus tard, les premiers essais ayant eu lieu, nos mœurs se seraient peut-être pliées à ce genre de contribution. Après six ou sept années d'une prospérité merveilleuse, la situation financière étant devenue embarrassée, de nouvelles propositions d'impôt sur le revenu ont été faites. Jusqu'ici elles n'ont pas abouti. Les répugnances qu'elles provoquent, loin de diminuer, semblent plutôt s'accentuer davantage.

On n'ose pas toucher aux profits des fermiers de peur d'avoir contre soi la majorité parlementaire qui est rurale. En dehors des grandes sociétés qui publient leurs bilans, les commerçants et les industriels redoutent la divulgation possible de leurs bénéfices et par l'organe des chambres de commerce déclarent qu'avec la meilleure volonté ces bénéfices ne peuvent être déterminés d'une manière exacte. Le sentiment de la justice, auquel l'impôt sur le revenu fait appel, paraît très affaibli depuis quelque temps. Le protectionnisme à outrance, qui dépouille les uns au profit des autres, la surexcitation des intérêts locaux qui accuse une sorte de protectionnisme intérieur, non plus seulement contre l'étranger, mais contre le forain national, surtout la lutte des classes prêchée ouvertement par des fanatiques haineux ont contribué à ce triste résultat. On a vu un jury bourgeois, pour empêcher un travail qui lui déplaisait, voter une indemnité de dix millions motivée par l'expropriation d'un terrain d'une valeur de deux cents francs. On a vu des électeurs ouvriers imposer à des conseillers prudhommes, à des juges, le mandat impératif de se prononcer toujours contre le patron. L'impôt sur le revenu apparaît comme la préface de l'expropriation universelle, sans indemnité, au profit de l'État, et les socialistes font tout ce qu'ils peuvent pour lui donner ce caractère. Il est probable qu'il faudra, en France, chercher dans une autre voie l'amélioration du système contributif.

Un nouveau projet présenté par le ministre des finances, M. Doumer, a échoué en 1896.

Il est vrai que le type choisi était le type prussien, celui qui pouvait le plus exciter les susceptibilités, car il atteint le revenu global, il exige la déclaration non seulement, comme en Angleterre, des revenus exempts, mais de tous les revenus. Il est vrai aussi que les socialistes, par leur chaleureuse adhésion, leurs commentaires et l'aveu de leurs visées finales tenaient en éveil les inquiétudes de la Chambre, inquiétudes d'autant plus naturelles que les tendances générales du ministère, lié comme il l'était à l'extrême gauche, inspiraient une confiance médiocre. Mais le principe même de l'impôt sur le revenu était contesté et rencontrait une très vive opposition. Il a été de nouveau condamné par la Chambre, le 16 juillet 1897.

§ 4. — L'IMPÔT SUR LES CONSOMMATIONS ET SUR LES ACTES.

L'impôt sur le revenu étant écarté ou différé, il n'en est pas moins vrai que les gros budgets ne peuvent être alimentés sans impôts indirects, et particulièrement sans impôts sur les consommations, que ces sortes d'impôts aggravent les inégalités sociales et que leurs effets doivent être contrebalancés, d'une manière ou d'une autre, sous peine d'ajouter à des griefs imaginaires et à des plaintes injustes, de légitimes sujets de mécontentement.

D'où provient cette facilité relative avec laquelle le fisc tire des impôts sur la consommation de si abondantes recettes? Ce n'est pas seulement parce qu'ils se payent par petites parcelles, au jour le jour, parce qu'ils se confondent avec le prix très variable des denrées, parce qu'ils se répercutent d'un contribuable sur un autre plusieurs fois, sans que leur incidence définitive puisse être sûrement prévue, répercussions et confusions d'où résulte pour chaque citoyen l'impossibilité de calculer avec exactitude la part qu'il supporte d'une charge commune nettement connue dans son ensemble, c'est aussi, il faut bien le reconnaître, que leur assiette est plus large. Les impôts directs sur la richesse acquise pèsent sur le revenu net. Les impôts sur la consommation pèsent sur le revenu brut. Les impôts directs sur les revenus professionnels d'une importance minime sont presque impossibles à percevoir. Les impôts sur la consommation atteignent indifféremment tous ceux qui consomment, malades ou valides, riches ou pauvres, le fermier, le métayer, l'ouvrier agricole ou industriel, le commis, l'employé, le mendiant même, comme le propriétaire et le capitaliste.

Mais si tout le monde est atteint, excepté ceux qui épargnent, dans la mesure où leur recette dépasse leur dépense, et la plupart de ceux qui consomment des denrées de leur cru, tout le monde ne l'est pas en proportion de ses facultés.

Tous les impôts de consommation sont ou tendent à devenir spécifiques : tôt ou tard, ils sont perçus d'après le poids ou le volume des choses, non d'après la valeur qui n'est pas aussi commode à apprécier. Par cela seul, ils sont injustes, car deux marchandises de même espèce, l'une d'une qualité supérieure, l'autre commune payeront le même droit. Si l'on procède par catégories, si l'on classe à part certaines marchandises réputées plus précieuses, l'on arrive bien à frapper ces marchandises de droits plus élevés, mais la progression des droits n'égale jamais la progression des valeurs. Si on l'essayait, la prime offerte à la fraude serait trop forte. Même armé du monopole, l'État n'arrive pas à faire payer six ou sept fois leur prix aux fins cigares de la Havane, comme il le fait pour le tabac grossier.

Les répercussions naturelles suffisent-elles pour corriger l'inégalité des impôts de consommation ? Le travailleur retrouve-t-il dans son salaire le montant des droits qu'il a remboursés au marchand ? Cette répercussion est fort incertaine.

Maintes fois le contraire s'est produit. Le haut prix des denrées surexcite le besoin d'un emploi lucratif, il stimule l'offre du travail, il est donc une cause d'infériorité pour le travailleur, il aggrave pour lui le poids de la concurrence. Mais en admettant, ce qui est probable, que la répercussion soit la règle, il subsiste toujours ce fait grave mis en lumière par Turgot, que l'impôt sur la consommation est une avance faite par les consommateurs les moins aisés, l'avance du pauvre au riche.

Si l'on excepte les droits sur les mutations à titre gratuit, les impôts sur les actes (enregistrement et timbre) ont les mêmes défauts que les impôts sur les consommations. Ils peuvent être proportionnels, et ils ne le sont pas toujours, aux sommes exprimées dans les actes (actes de procédure judiciaire, ventes, louages, prêts, société, etc.); mais ces sommes ne sont pas une indication satisfaisante des facultés contributives de ceux qui les versent. Beaucoup d'actes sont nécessités par la gêne et non par l'aisance. Ici la répercussion est encore plus incertaine que pour les impôts sur les consommations. Elle est nulle précisément toutes les fois que les procédures suivies ou les transactions multipliées correspondent à une situation malheureuse.

L'inégalité résultant des impôts indirects ne peut être corrigée que par un impôt compensateur, inégal lui aussi, mais inégal en sens inverse.

Cette compensation prend en Angleterre la forme de « l'income tax » qui laisse de côté tous les petits revenus, ménage les revenus moyens et ne comporte le plein tarif que pour les revenus supérieurs à 10,000 francs. En France, où l'on répugne à l'impôt sur le revenu, il faut trouver une autre compensation. Il le faut d'autant plus que les droits de douane ont à un haut degré, chez nous, le caractère de droits protecteurs.

Un droit de douane, qui rapporte en une année 100 millions au Trésor, coûtera souvent aux consommateurs, par la hausse des prix, non pas 100, mais 400 ou 500 millions dont la plus grande partie au profit des industriels ou des agriculteurs protégés.

Par le seul fait de l'existence des impôts directs, il y a une certaine aggravation compensatrice pour ceux qui tirent leur revenu d'un capital ou d'une propriété foncière. En effet ils payent une première fois sur leur revenu et une seconde fois sur leur dépense. Cette compensation est assez notable aux États-Unis où il n'y a ni patente, ni impôt mobilier et où toutes les valeurs rurales et urbaines, évaluées tous les ans ou à des époques très rapprochées, sont soumises à un prélèvement qui était en moyenne, il y a quelques années, de 7 pour mille et qui s'élève dans certains États à 10 ou 20 pour mille, parfois même au delà. Cependant, même aux États-Unis, la compensation est incomplète, parce que les petits capitalistes et les petits propriétaires, payant d'après le même taux que les autres, supportent en outre la surcharge que les impôts de consommation font subir aux consommateurs des denrées communes. En France, les travailleurs et les citoyens peu aisés ne sont pas toujours exempts de l'impôt mobilier, beaucoup d'entre eux payent la patente et enfin les évaluations des propriétés rurales ne sont renouvelées qu'à de longs intervalles et ne répondent pas à l'accroissement de valeur qu'elles ont acquise pendant plus d'un demi-siècle, accroissement qui subsiste encore malgré la baisse survenue depuis quelques années. La compensation résultant de nos contributions directes est donc tout à fait insuffisante.

§ 5. — L'IMPÔT SUR LES MUTATIONS A TITRE GRATUIT.

A défaut de l'impôt sur le revenu, il reste, comme taxe compensatrice, les droits sur les mutations à titre gratuit : successions, legs et donations.

En principe, tout le monde admet que la richesse transmise gratuitement supporte une charge supplémentaire, car elle est moins digne d'être ménagée que la richesse acquise par le travail et surtout que les revenus professionnels, profits ou salaires, soumis à tant de fluctuations et de risques. Ce qu'on discute, c'est de savoir si l'impôt sur les mutations à titre gratuit doit être simplement proportionnel ou s'il doit être gradué. Il peut être gradué de deux manières : à raison du degré de parenté et à raison de la somme recueillie. Nous admettons les deux graduations.

La première se justifie aisément. La famille se consolide par l'héritage. Le père travaille avec plus de joie peut-être pour ses enfants que pour lui-même. L'enfant a un genre de vie qui lui est, dans une grande mesure, imposé par le père. Il compte sur la transmission d'un bien qui lui est familier. Il a parfois contribué à créer la fortune dont il hérite. On peut en dire autant du conjoint survivant. A mesure que les liens de parenté ou d'alliance deviennent moins étroits, l'attente de l'héritier est moins naturelle, moins légitime. A partir d'un certain degré, c'est une sorte d'aubaine, non une continuation, mais un surcroît de bien-être que donne la succession. On comprend donc que l'intervention du fisc soit plus rigoureuse, surtout si le défunt n'a pas exprimé sa volonté, s'il n'a rien transmis par voie testamentaire. On comprend même que toute espèce de succession « ab intestat » soit abolie quand on dépasse le sixième ou le huitième degré.

La graduation en raison de l'importance des sommes recueillies demande de plus amples explications.

Toute progression est indéfinie. Dès lors n'est-il pas à craindre que la progression soit poussée jusqu'au point où l'impôt devient la spoliation? Cette objection préliminaire arrête dès le début beaucoup de bons esprits. En pratique, elle n'a pas la portée qu'on lui attribue: on fixe une limite au delà de laquelle la progression cesse. Si on trouve cette limite arbitraire, il suffit, pour s'en affranchir et néanmoins ne pas aboutir au résultat redouté, que la progression de l'impôt soit arithmétique et la progression des sommes taxées géométrique. Longtemps avant que la progression de l'impôt en porte le taux à 100 pour 100, la progression des sommes taxées aura atteint des chiffres qui ne se réalisent jamais. La progression de 1, 2, 3, 4, 5..... pour le taux de l'impôt combiné avec la progression de 1,000, 10,000, 100,000... et ainsi de suite en multipliant par dix la somme antérieure pour passer à la suivante, donnera seulement le taux de 9 pour 100 sur une somme de cent milliards. La progression de 10,000, 20,000, 40,000 et ainsi de suite en doublant toujours la somme précédente, progression beaucoup plus lente et qui rend par suite plus rapide la progression de l'impôt ne donnerait pas plus de 19 pour 100 sur une fortune de 1,310 millions; 22 pour 100 sur une fortune s'élevant au chiffre invraisemblable de 10,480 millions. Sans être obligé de recourir à un temps d'arrêt non motivé, on arrive ainsi à tempérer la première des deux progressions par la seconde.

Il n'y a pas à redouter non plus, dans l'application, l'influence néfaste des socialistes. Au sujet de l'impôt sur le revenu, cette crainte n'est malheureusement pas chimérique.

Les socialistes qui dominent dans certaines localités pourraient s'introduire dans les commissions d'évaluation et ils transformeraient par leurs agissements une loi sage en une loi odieuse. Ici aucune commission d'évaluation n'est nécessaire. L'autorité administrative, organe du pouvoir central, règle tout. Ce serait donc seulement par la loi que les socialistes pourraient créer un état de choses abusif. Mais, pour faire la loi, il faut qu'ils aient la majorité au Parlement. S'ils ne l'ont pas, ils sont impuissants. S'ils l'ont, ils réaliseront leurs projets, quels que soient les précédents. Il ne leur sera pas plus difficile d'introduire dans leurs tarifs la progression que de rendre excessive une progression déjà établie.

Mais, si la graduation ne favorise pas la tyrannie socialiste, ne repose-t-elle pas sur un principe subversif en lui-même de la propriété individuelle ? C'est là ce qu'il nous reste à examiner.

Les actes, par lesquels se manifeste le droit de

propriété, peuvent être, selon leur nature, soumis à des impôts variés. Le législateur se réserve d'apprécier leur mérite, l'intérêt qu'ils comportent, leurs conséquences sociales, la capacité contributive qu'ils dénotent, non pour les interdire, mais pour leur imposer des charges plus ou moins lourdes.

Ainsi l'échange, qui est une des manifestations les plus légitimes du droit de propriété, donne lieu à l'application de tarifs souvent très élevés sur les marchandises importées du dehors. C'est à tort selon nous qu'on établit ces tarifs, parce que nous pensons que la liberté commerciale est utile aux nationaux comme aux étrangers. Nous ne méconnaissons pas que, si cette utilité n'était pas prouvée, les protectionnistes auraient raison. Ce qu'on peut leur reprocher, ce n'est pas de limiter le droit de propriété, c'est de le limiter dans un cas où la limitation est malfaisante.

De même le droit de propriété implique le droit de consommer librement ce qu'on peut se procurer avec ses revenus, ses profits ou son salaire. Et cependant, tandis que certaines consommations réputées nécessaires ou simplement hygiéniques sont exemptes d'impôts ou ne payent que des impôts peu élevés, d'autres consommations, par exemple celles des spiritueux et du tabac, sont lourdement chargées, parce qu'elles paraissent peu intéressantes, sinon nuisibles.

Le droit de transmettre à titre onéreux ce qu'on possède légalement fait aussi partie du droit de propriété. On l'impose néanmoins d'une manière spéciale, bien que la chose transmise soit déjà l'objet d'une contribution directe. Pourquoi? Parce que dans le transfert d'une somme liquide des mains de l'acheteur aux mains du vendeur, il y a, aux yeux de beaucoup de financiers, un signe d'aisance, une certaine facilité de payer en temps opportun, dont le fisc profite.

De même, rien n'est plus légitime que l'assurance, mais on y voit la preuve extérieure de certaines ressources et l'on impose l'assurance.

La transmission à titre gratuit est certainement moins intéressante que la transmission à titre onéreux, car dans la transmission à titre onéreux les deux parties sont également dignes d'intérêt. Ici l'une des parties dispose du fruit de son travail, mais l'autre partie s'enrichit sans travail personnel. L'acte bilatéral n'est intéressant que d'un côté. « Personne ne sera un oisif avec mon argent » (Nobody will be a gentleman with my money), disait un grand armateur qui a fondé, avec son immense fortune, un magnifique collège à Philadelphie. Il est permis au législateur qui recherche l'équilibre de l'impôt, d'entrer, jusqu'à un certain point, dans les vues de Stephen Girard. Créer un oisif par ses donations, ses legs, ou le montant de sa succession, c'est atteindre l'extrême limite du droit de propriété. Même à cette extrême limite, il faut respecter le droit, mais l'usage de ce droit est tel qu'il justifie un certain prélèvement au profit de la chose publique. D'autre part, celui qui s'enrichit tout à coup, sans avoir ni épargné, ni travaillé, possède, par le fait seul d'un pareil gain, une capacité contributive exceptionnelle qui comporte un supplément de charge.

Ce double motif d'intervention fiscale se présente avec d'autant plus de force que la transmission porte sur des sommes plus considérables. En effet, pour les familles jouissant d'une aisance modeste, la mort du père de famille est presque toujours une cause de gène. A mesure que l'aisance augmente, elle est une cause d'enrichissement. Une fortune médiocre recueillie à titre gratuit n'est pas une cause d'oisiveté. Si la culture morale et intellectuelle du bénéficiaire est très développée, une assez grande fortune n'en fera pas nécessairement un oisif. Mais les chances d'oisiveté augmentent avec l'importance des sommes ainsi acquises.

Supposez même que le bénéficiaire, mis à la tête d'une fortune énorme, soit animé de nobles sentiments, supposez qu'il consacre ses millions à des œuvres religieuses, littéraires, scientifiques, artistiques ou philanthropiques, il prend, dans la direction du mouvement social, un rôle de nature à exciter quelques inquiétudes. Il peut à lui tout seul entretenir certains établissements qui ne cadrent pas avec l'ensemble des besoins généralement ressentis, qui heurtent les tendances de ses contemporains et se perpétuent indéfiniment de génération en génération. Quand une association vit par les cotisations, les dons et les legs d'un grand nombre d'adhérents, elle est bien obligée, pour se soutenir, de tenir compte du milieu social où elle se trouve. La même association peut, par les libéralités d'un seul homme, obtenir des ressources matérielles égales ou supérieures à celles que lui procurerait un grand nombre d'adhérents : mais elle est absolument indépendante, soustraite, d'une manière presque complète, aux influences ambiantes, au contrôle de ceux qui l'entourent. Cette indépendance, dangereuse à certains égards, présente des avantages qu'il ne faut pas méconnaître, surtout au début des œuvres entreprises, mais, tout balancé, il y a là un fait qui ne doit être admis qu'avec réserve et qui autorise, pour corriger les inégalités du système contributif, une certaine rigueur progressive dans l'application des taxes sur les mutations à titre gratuit.

La propriété est chose sacrée parce qu'elle est la garantie nécessaire de la liberté individuelle et parce qu'elle pousse à l'épargne, c'est-à-dire à la création et à la conservation des capitaux indispensables pour les entreprises les plus simples, comme pour les plus vastes et les plus merveilleuses. Les inégalités qui en résultent sont le stimulant du progrès. Mais le stimulant subsiste, si les inégalités, sans disparaître, s'amoindrissent au profit d'une répartition plus équitable des charges publiques. Ni la liberté, ni l'épargne n'en souffriront.

De ce qu'une certaine graduation est bonne, il n'en résulte pas que toute espèce de graduation soit louable. D'abord, au delà d'un certain taux, ce serait non pas un impôt supplémentaire et compensateur, mais une véritable expropriation, de nature à plaire aux collectivistes, mais à eux seuls. Ensuite, il ne faut pas oublier que la fraude est la conséquence fatale de tarifs trop élevés, que les capitaux se dérobent avec une grande promptitude à l'oppression, que les valeurs immobilières seules ne peuvent pas y échapper et qu'en exagérant les exigences du fisc, c'est la dépréciation de la propriété rurale et urbaine qu'on amènerait, avec toutes ses conséquences pour l'agriculture et le prix des logements. Une graduation suivant une progression arithmétique pour le taux de l'impôt et une progression géométrique pour les sommes soumises à l'impôt, qui aboutirait à un *maximum* de 15 ou 20 pour 100, serait suffisante et non perturbatrice. Elle atteindrait le but désirable, elle ne le dépasserait pas. Elle compenserait justement les inégalités en sens inverse produites par les impôts indirects et maintiendrait intacts les bienfaits du droit de propriété.

VIII. — Services autres que les services financiers.

Nous ne pourrions, sans trop présumer de nos forces et sans altérer le caractère de cet ouvrage, examiner en détail et à fond tous les services administratifs qu'il nous paraît utile de maintenir, services relatifs à la sécurité extérieure et intérieure, au régime pénitentiaire, aux travaux publics, à la protection de l'enfance, à l'instruction et à l'éducation, à l'hygiène, à la colonisation, au domaine de l'État et au domaine public. Nous nous contenterons d'exposer quelques réflexions, fruits de nos études et de notre expérience personnelle, sur certains points qui méritent une attention particulière.

Pour être efficace, l'intervention du pouvoir social doit être soumise à des règles qui sont parfois méconnues et rarement observées. Parmi elles, nous signalerons les suivantes.

§ 1. — NÉCESSITÉ DE CONTENIR LES SERVICES DANS DE JUSTES LIMITES.

Première règle : Il ne faut pas que cette intervention soit trop étendue sinon l'initiative individuelle en souffre, l'énergie gouvernementale s'énerve par la dispersion et les finances s'épuisent.

Là même où l'intervention est légitime, là même où elle est incontestable et incontestée, elle ne doit pas être poussée à outrance.

Il ne faut pas, par exemple, comme le demandent des gens peu réfléchis, poursuivre tous les actes indélicats, tous les actes contraires à l'honneur ou à une morale rigoureuse. Le Code pénal s'enflerait outre mesure et le personnel nécessaire à des poursuites si nombreuses ferait défaut, ou bien il serait détourné d'objets plus urgents, ou il grèverait le budget d'une charge écrasante. Les fautes qui échappent à la répression pénale ne restent pas d'ailleurs impunies. Elles sont réprimées par le mépris des honnêtes gens. Le recours qu'on réclame aux tribunaux criminels ou correctionnels, n'est souvent qu'une manière de masquer et d'excuser la lâcheté qui empêche de tenir à l'écart ceux qui ont failli.

De même pour l'hygiène. L'hygiène publique tend à prendre des développements immenses. Ses applications ont produit en divers pays, en Angleterre surtout, de magnifiques résultats. Les maladies contagieuses ont été sinon supprimées, du moins contenues et la mortalité a diminué dans de fortes proportions. Les dépenses énormes que les grandes villes, Paris en particulier, font pour l'adduction d'eaux pures, pour la construction des égouts, pour le déversement sur des terrains sablonneux, qu'ils fertilisent, des vidanges et des liquides souillés, ces dépenses ne sont certes pas à regretter. Tout ce qui concerne la désinfection des logements contaminés par la maladie, la transformation ou la suppression des habitations malsaines, la surveillance, très défectueuse encore, des établissements dangereux ou insalubres, toutes ces mesures méritent d'être approuvées.

Mais il est évident qu'il ne faut pas aller trop vite, ni trop loin dans cette voie. Multiplier les inspecteurs, c'est multiplier l'arbitraire. Les mœurs opposent, pendant un certain temps, un obstacle insurmontable aux prescriptions les plus sages. Il faut peu à peu habituer les populations à la propreté, vertu naturellement étrangère à la plupart des hommes, sinon on leur imposera inutilement des sacrifices pécuniaires, elles resteront d'autant plus sales qu'elles auront moins de ressources. Enfin, il ne faut pas s'imaginer qu'on puisse supprimer tous les microbes pathogènes. En poursuivant ce but chimérique, on arriverait à s'abstenir de tant de choses qu'on s'abstiendrait même de vivre.

Je ferai une remarque analogue à propos des bourses dans l'enseignement secondaire et supérieur. Les bourses sont une excellente chose pour mettre en valeur toutes les aptitudes, trésors enfouis parfois dans des familles obscures et pauvres. Si on en abuse, si on les attribue à des enfants ou à des jeunes gens doués de facultés médiocres, on crée des déclassés, bons à rien, sans profit pour la société qui les lance dans une carrière où ils ne peuvent pas réussir.

Partout où la concurrence est possible, il faut l'admettre. C'est ce qui arrive chez nous pour l'instruction, l'éducation et l'assistance. Les particuliers et les associations privées y participent dans une certaine mesure. Il est à désirer que, sous certaines conditions, ils y participent de plus en plus. Nos administrations, déjà passablement routinières, finiraient, sans l'aiguillon de la concurrence, par perdre, comme en Chine, toute notion du progrès.

§ 2. — TÉNACITÉ DES PRIVILÈGES.

2e *règle :* Il faut toujours être en éveil pour ne pas laisser naître ou renaître les privilèges. En principe, ils ont disparu de nos lois depuis 89, mais ils tendent sans cesse à reparaître sous des formes diverses. Par l'extension des impôts sur les consommations et surtout par les tarifs de douane, ils se sont introduits dans notre système contributif et l'on doit, si l'on ne peut les supprimer, les compenser, comme nous l'avons expliqué plus haut, par des taxes qui produisent d'autres inégalités, mais des inégalités en sens inverse. Dans les services administratifs autres que les services financiers, on les retrouve plus ou moins déguisés.

Ainsi une compagnie est autorisée à exploiter une ligne de chemin de fer. Cette autorisation lui est accordée, sous certaines conditions, parce que d'une part on juge qu'une exploitation commerciale offre des avantages qu'une administration d'État ne donnerait pas et que, d'autre part, la concurrence dans l'espèce paraît impossible ou dangereuse ; mais cette même compagnie, dont l'objet est strictement limité, entreprend toutes sortes d'autres industries, elle a des canaux, des mines, des forges. Ces exploitations abusives sont très fréquentes aux États-Unis, où les compagnies, sans avoir un monopole absolu, reçoivent du pouvoir social des subventions en terres du domaine. En France, s'il y en a, elles sont rares, mais il faut prendre garde qu'elles ne s'établissent dans l'ombre, sous des noms d'emprunt qui les dissimulent. Ce serait un véritable privilège que rien ne justifierait.

Une adjudication est ouverte. Un soumissionnaire sérieux se présente, il est évincé par un charlatan qui promet l'impossible. Quand l'impuissance de celui-ci est constatée, au lieu de l'écarter, on lui accorde des remises, sous prétexte que les chantiers ne pourraient être fermés sans causer des chômages, qu'en définitive à l'impossible nul n'est tenu. Cette manière d'agir, assez commune, constitue un privilège au profit des téméraires qui connaissent les faiblesses de l'administration et savent en tirer profit.

Le service des inspections, très étendu depuis quelques années, donne lieu aux inégalités les plus étranges. Pour n'en citer qu'un seul exemple, on surveille de près le travail des enfants dans les manufactures et on a raison, mais l'enfant exclu d'une manufacture trouve un emploi dans un cabaret, c'est-à-dire dans un milieu cent fois pire à tous les points de vue et là la surveillance cesse ou devient dérisoire. Pourquoi ? Parce que les marchands de vin et d'eau-de-vie sont une puissance. Leur comptoir est le refuge de ceux qui n'ont pas su se maintenir dans d'autres métiers, c'est le salon des travailleurs manuels, c'est le centre des agitations, la chambre de conseil des grèves. Personne n'ose y toucher.

Si l'on examine la condition du personnel administratif, on peut dire que le privilège y est presque la règle. Par l'enchevêtrement des agents et des actes, la responsabilité est presque nulle. Aucune solidarité n'existe entre les services qui s'efforcent tous d'être autonomes. Ce manque de solidarité est attesté par des refus de concours fâcheux, quelquefois criminels. L'impeccabilité de la marine et de l'armée est devenue un dogme. Les fautes militaires les plus criantes sont rejetées sur les civils, elles aboutissent non à la punition des coupables, mais au renversement du ministère. Le ministère une fois renversé, ce qui est une grande joie pour beaucoup de parlementaires, les mêmes fautes recommencent. L'inverse peut se produire et n'est pas moins déplorable, mais le cas n'est pas fréquent parce que les chefs de la marine et de l'armée sont ménagés par les oppositions parlementaires qui sont toujours prêtes au contraire à déverser le blâme sur les chefs politiques.

§ 3. — VUES OBLIQUES OU DÉTOURNÉES ET VUES DROITES.

3e *règle :* Ne pas substituer, en matière administrative, les vues obliques ou détournées aux vues droites. Un des modes les plus ordinaires de la constitution des privilèges, ce sont les vues obliques ou détournées substituées aux vues droites : à côté, ou a l'opposé d'un but avouable et patent, conforme à l'intérêt général, on vise un but secret qui répond à des intérêts particuliers, le plus souvent à des intérêts locaux. Ainsi on prétend faire un chemin de fer stratégique, en réalité on fait un chemin régional, dépourvu de trafic, pour favoriser un groupe influent. De même on établit une caserne, une caserne de cavalerie ou d'artillerie de préférence, là où la défense nationale ne l'exige pas, afin d'alimenter l'octroi d'une ville dont la prospérité périclite. De même encore, quand il s'agit des écoles, des collèges, des lycées, des facultés, des tribunaux, des sous-préfectures, ce ne sont pas toujours les intérêts de l'instruction, de la justice ou de l'administration qui dictent les mesures relatives à leur établissement ou à leur maintien, mais l'intérêt des communes ou des villes dont on veut rehausser l'importance.

On s'étonne parfois des programmes officiels dressés pour les classes. On les trouve très compliqués. Ils le sont en effet, ils surchargent l'esprit des élèves de notions qu'ils ne sont pas encore en état de comprendre, qu'ils ne peuvent

on vise non l'intérêt des élèves, mais l'intérêt des professeurs qui, par amour-propre, répugnent aux leçons élémentaires.

La marine n'échappe pas à ces visées obliques. Les ports militaires, les arsenaux inutiles dans bien des cas pour la flotte, sont entretenus à grands frais pour ne pas mécontenter les ouvriers qu'ils occupent, les fonctionnaires et les agents qui leur sont attachés, les populations groupées autour d'eux.

Les colonies sont l'exemple le plus éclatant de ces pratiques dangereuses. Quelques-unes prennent une extension énorme, embrassent des territoires immenses, non pour être habitées par des immigrants, les immigrants manquent, ou ne peuvent travailler et multiplier sous des climats pénibles pour des hommes de race européenne ; on ne cherche pas non plus dans ces colonies des exploitations fructueuses ou une augmentation des affaires commerciales : dès qu'un commerçant, un industriel ou un agriculteur audacieux prospère, on lui crée mille embarras, on le tourmente, on le décourage, on le flétrit, dans la presse, au parlement et ailleurs du nom de spéculateur ou d'accapareur. Que cherche-t-on ? Un débouché pour les fonctionnaires.

On affiche des sympathies très vives pour les indigènes qu'on espère dominer facilement ou qui offrent par leur résistance des occasions pour les officiers de se distinguer et d'avancer. Le colon, c'est l'ennemi. On arrive, de cette manière, à réaliser un singulier idéal : des colonies sans colons. La bureaucratie triomphe. L'expansion de la race métropolitaine, qui devrait être l'objectif principal, car il n'y a rien de plus glorieux et, à certains égards, de plus profitable, que de répandre au dehors, avec ses enfants les plus entreprenants, ses produits, ses mœurs, ses idées et de créer ainsi une race nouvelle qui rappelle la race ancienne, avec des traits nouveaux, cette expansion reste nulle ou stationnaire. L'habitude et le respect de l'initiative individuelle sont les conditions primordiales d'une colonisation sérieuse. Par cette raison, et par cette raison sinon seule, du moins essentiellement prédominante, le peuple anglais est le peuple colonisateur par excellence. Imitons-le, au lieu de le jalouser et d'être sans cesse suspendus aux crochets de l'État, tendant la main pour attraper quelque place et vitupérant ceux qui osent entreprendre quelque chose par eux-mêmes.

§ 4. — MESURES ABOUTISSANT A DES LISTES DE BÉNÉFICIAIRES ET MESURES D'INTÉRÊT GÉNÉRAL.

4e *règle :* Il faut se méfier des mesures qui aboutissent à des listes de bénéficiaires et s'attacher principalement à celles qui profitent à tout le monde, sans qu'on puisse déterminer exactement la part de chacun.

Il y a des dépenses qui, sous tous les régimes, sont des dépenses favorites, ce sont celles qui aboutissent à des listes nominatives de bénéficiaires. Sous le régime de la monarchie absolue et aristocratique, ce sont les traitements des hauts fonctionnaires et les pensions des grands personnages qui ont du crédit à la Cour. Sous un régime républicain, avec le suffrage universel, ce sont les traitements et les pensions des fonctionnaires et agents inférieurs, des petits et des humbles, comme on dit aujourd'hui. En effet, par leur nombre, les petits et les humbles représentent une clientèle électorale fort recherchée. Leur influence est plus grande encore dans l'imagination très impressionnable des députés que dans la réalité. Non seulement les crédits afférents à ces dépenses, bien que surélevés, ne sont pas refusés aux gouvernements qui les demandent, mais l'initiative parlementaire intervient sans cesse pour les accroître.

Aux États-Unis, sous prétexte d'une guerre ayant déjà trente ans de date, on est arrivé à une somme annuelle de 800 à 900 millions pour le service des pensions. Le budget de la grande République, si élastique, grâce aux ressources toujours croissantes du pays, a failli en être accablé et, après avoir eu des excédents de recette prodigieux, il a connu la honte des déficits.

Chez nous on n'est pas encore arrivé à des chiffres aussi monstrueux, mais, malgré nos embarras financiers, chaque année la lutte s'engage au sein du parlement contre les budgétivores et elle ne tourne pas toujours à l'avantage des contribuables. La tentation pour les parlementaires est d'autant plus grande qu'il s'agit maintes fois de personnes très dignes d'intérêt, dans une situation peu aisée et que le sentiment plaide en leur faveur. Ce sont de ces cas où la bonté apparente est d'un côté et de l'autre la bonté vraie, la bonté éclairée.

Au fond, rien n'est plus injuste, ni plus absurde que de payer les services rendus au delà de ce qu'ils valent, avec l'argent de ceux qui sont souvent aussi pauvres ou plus pauvres que les bénéficiaires. Il importe sans doute de ne pas refuser un supplément de traitement à des agents qui se recrutent avec difficulté ou dont le recrutement sera difficile à bref délai, parce que les traitements n'ont pas été remaniés depuis longtemps et que dans l'intervalle le prix de la vie a augmenté. Cette faute a été commise en Algérie pendant un certain nombre d'années. On ne trouvait pas de géomètres parce qu'on les payait trop peu et la colonisation en souffrait, car les géomètres sont nécessaires pour allotir les terres domaniales et, sans ces allotissements, les colons manquent, les immigrants venus pour acheter des terres s'en retournent tristement chez eux. Une pareille faute est très rare. Le plus souvent l'inverse se produit : une place est vacante, cent candidats se présentent ; parmi eux, beaucoup ont les aptitudes nécessaires, le recrutement se fait avec facilité et se fait bien. Néanmoins on augmente les émoluments des agents. Qu'est-ce à dire ? On sacrifie, sans utilité avouable, à un seul individu quatre-vingt-dix-neuf personnes qui sont dans une situation pire que le candidat choisi puisqu'elles sollicitent sa place.

Le type des dépenses qui ont un caractère opposé, qui se font en faveur du public en général et non en faveur de tels ou tels individus désignés à l'avance, ce sont les dépenses relatives à la sécurité intérieure, les dépenses de police, de justice correctionnelle ou criminelle, les dépenses concernant le régime pénitentiaire. Les crédits qu'on vote pour cet objet sont toujours maigres, âprement disputés quand la nécessité oblige à les accroître. Il semble cependant que l'homme devrait tenir d'abord à la vie, à la tranquillité, à la libre disposition de ce qu'il a. Les assassins et les voleurs sont plus redoutables pour les pauvres gens que pour les riches qui ont, par leur fortune même, mille moyens de se défendre. Sans doute, mais on ne voit pas à l'avance qui sera frappé, qui sera protégé et personne ne se remue pour être mieux à l'abri. Par une heureuse exception, on voit dans de grandes villes les municipalités porter un vif intérêt aux agents de police. Il est vrai qu'alors les agents représentent un groupe considérable dont le vote n'est pas à dédaigner. Ce n'est peut-être pas tant la police pour laquelle on se passionne que le personnel policier.

§ 5. — DOMAINE DE L'ÉTAT ET DOMAINE PUBLIC.

5° *règle :* Préserver le domaine de l'État et le domaine public.

Cette 5ᵉ règle est un corollaire de la 4ᵉ ; mais elle mérite d'être étudiée à part, des explications développées étant nécessaires d'une part pour déterminer la différence entre le domaine de l'État et le domaine public, d'autre part pour bien caractériser le rôle qu'ils jouent dans l'organisme social.

On entend par domaine de l'État les biens meubles ou immeubles que l'État possède à titre privé, qu'il exploite comme le ferait un particulier, qui sont aliénables et prescriptibles, par exemple des édifices, des usines, des fermes, des forêts.

On entend par domaine public des choses administrées par l'État, mais dont le public a la jouissance, qui sont accessibles à tous, sans partage, sans attribution individuelle. Ces choses ne sont ni aliénables, ni prescriptibles.

Dans le domaine public, sont rangés par le Code civil (art. 538), les routes, les rivages de la mer, les ports, havres et rades, les fleuves et les rivières navigables ou flottables. Les forteresses et les citadelles y figurent aussi (à tort selon nous, car elles ne sont pas accessibles au public), d'après l'article 540. Il faut y joindre en vertu du Concordat de 1801 (loi du 18 germinal an X, art. 12) les églises métropolitaines et cathédrales; par analogie, ou en vertu de lois spéciales, les ponts, les canaux de navigation, les chemins de fer.

Les départements et les communes ont, comme l'État, leur domaine privé et leur domaine public. Les églises catholiques, les chapelles paroissiales, les temples protestants consistoriaux, les chemins vicinaux, les places et rues des villes, quand elles ne sont pas la continuation des routes nationales, font partie du domaine public des communes. Les routes départementales et les chemins de fer départementaux appartiennent au domaine public des départements.

On peut critiquer, sur certains points, cette classification faite par le Code civil et diverses lois subséquentes. Ce qu'il importe de retenir, c'est le principe : il y a, sous la garde de l'État, des choses exploitées et utilisées par lui seul, d'autres accessibles au public.

Le domaine de l'État doit être précieusement conservé et même agrandi, si les finances le permettent, quand il comprend des exploitations qui conviennent peu aux propriétaires privés parce qu'elles exigent des vues d'un longue portée, dépassant la génération actuelle. Les forêts en sont un exemple. Elles sont indispensables, non pas tant pour maintenir une réserve de bois qu'on peut se procurer à l'étranger et suppléer par d'autres matériaux, que pour empêcher les montagnes de se dépouiller, les cours d'eau de se transformer en torrents, les inondations de dévaster de riches vallées, le climat général d'une région de se modifier d'une manière nuisible, passant par des alternatives de sécheresse extrême et de pluies diluviennes, de chaleurs torrides et de froids intenses. Mais l'intérêt immédiat du propriétaire est souvent de déboiser. Tout au plus, s'il jette un lointain regard dans l'avenir, gardera-t-il les taillis, mais sa prévision n'ira guère au delà de quinze ou vingt ans et il sacrifiera volontiers les hautes futaies.

La Restauration qui a donné, en matière financière, de bons exemples, notamment par le développement de l'amortissement avec lequel elle a éteint, non les dettes des régimes antérieurs, mais ses propres dettes, jusqu'à concurrence des quatre cinquièmes, la Restauration a eu le tort d'aliéner pour 83 millions de forêts. Les régimes qui ont suivi ont été plus réservés. Seulement, ils n'ont pas pris de mesures suffisamment énergiques pour enrayer ou réparer le déboisement. Aujourd'hui, on est obligé de reboiser et on y arrive péniblement parce qu'il faut vaincre la résistance des populations montagnardes préoccupées surtout des pâturages et du libre parcours pour les bestiaux et parce que les crédits relatifs à ces sortes de travaux ne sont pas votés avec empressement étant de nature à provoquer, non la popularité dans le présent, mais la reconnaissance des générations futures.

Les États-Unis, sur ce point, comme au sujet des pensions, nous donnent d'utiles et sévères avertissements. On pouvait jadis naviguer sur le Mississipi, des jours entiers, le long de forêts immenses. On a cru inépuisable cette richesse naturelle. On l'a gaspillée et aujourd'hui on accorde des faveurs à ceux qui plantent. Aux approches des montagnes rocheuses, sur un sol dénudé, on souffre tour à tour de la sécheresse et des inondations.

En dehors des forêts, le domaine de l'État, sauf très peu d'exceptions, doit être restreint. L'agriculture proprement dite et l'industrie, n'exigeant pas des vues par trop lointaines, sont mieux entre les mains des particuliers qui ont plus d'initiative, plus d'activité, une responsabilité plus directe et qui sentent incessamment l'aiguillon de la concurrence.

Le domaine public a des caractères tout autres.

C'est un mode d'occupation ou d'appropriation qui participe à la fois de la communauté et de la propriété individuelle. Il participe de la communauté parce que sa jouissance n'est pas exclusivement réservée à quelques-uns et que le plus souvent il ne reste pas tel que la nature l'a fait, mais il est, comme les ports et les routes, le résultat d'une intervention du pouvoir social. Il participe de la propriété individuelle parce que sa jouissance ne donne lieu à aucune attribution par voie administrative et qu'il est ouvert librement, sans distinction à tous ceux qui veulent s'en servir. Il a en outre ce caractère qui le distingue de tous les autres modes d'appropriation qu'on peut en user sans l'épuiser, qu'il ne se prête pas à une occupation permanente, qu'il se retrouve intact pour d'autres après la jouissance momentanée qu'une personne en a obtenue.

Étendre le domaine public est difficile, parce que déjà il est passablement étendu, parce qu'il ne convient pas à toute espèce de choses, qu'un grand nombre de choses même y répugne absolument et enfin parce que l'extension du domaine onéreux créé par le travail humain suppose des finances très prospères. Ce qu'on peut faire du moins, c'est de ne pas l'amoindrir. Or, si nos lois le protègent, les pratiques administratives le compromettent souvent. Dans le détail des affaires, on trouve qu'il lui est constamment porté atteinte par des concessions, accordées sans doute à titre précaire mais presque toujours renouvelées et agrandies.

Des établissements insalubres mal surveillés corrompent par leurs résidus, par leurs fumées, par leurs émanations pestilentielles, les eaux voisines et l'air qui devrait être bien commun par excellence, intangible et sacré. Les rues des villes sont envahies par des étalages exorbitants qui gênent la circulation. Les promenades, si nécessaires pour la santé des urbains, sont accaparées par des entrepreneurs de fêtes, par des hippodromes, par des clubs de patinage, de tir au pigeon ou d'autres exercices privilégiés, par des buvettes qui se transforment en chalets et des chalets qui se transforment en vastes restaurants. Les forêts sont parfois closes, engrillagées au delà de ce qu'exige la défense des jeunes pousses, interdites, en faveur de la chasse, à ceux qui viennent s'y reposer de leurs travaux, respirer un air plus pur, rafraîchir leurs yeux et leur esprit par la vue des plantes sauvages et des vertes frondaisons. Les plages, qui sont une si grande ressource pour tant de malades adultes et surtout d'enfants, sont livrées, presque sans réserve, aux casinos, c'est-à-dire aux plaisirs mondains les moins hygiéniques et au jeu, l'un de nos plus terribles ennemis qui dispute aux paris sur les courses, sans même avoir le prétexte d'améliorer l'espèce chevaline, le triste honneur de détériorer l'espèce humaine.

Le domaine public doit-il être maintenu quand il a pour objet des œuvres scientifiques, artistiques ou littéraires ? Aucune nation ne l'a encore supprimé. On s'est borné à prolonger la durée de la propriété individuelle en cette matière. L'auteur, ses héritiers ou ses cessionnaires ont seuls le droit, pendant un certain temps, d'éditer, de représenter ou de reproduire, par un procédé quelconque, l'œuvre qu'ils ont produite ou qui leur a été régulièrement transmise.

Beaucoup de bons esprits demandent que cette propriété soit perpétuelle comme toutes les autres. Leur argument principal, c'est que le travail est l'origine de toute propriété et que le travail dont l'œuvre littéraire, scientifique ou artistique est le fruit, n'est pas moins respectable que tout autre travail, qu'il est tout aussi personnel, souvent plus, qu'il suppose sans doute une certaine collaboration du public, certains éléments tirés d'un fonds commun, mais que tous les travaux productifs sont dans le même cas; tous les producteurs, dans une certaine mesure, profitent d'un état social, d'un concours de circonstances qui n'ont pas été créés par eux. Il y a du vrai dans cet argument. L'erreur, selon nous, consiste à croire que toute espèce de travail aboutit à la propriété perpétuelle. Beaucoup aboutissent à des propriétés temporaires, comme par exemple les travaux relatifs aux chemins de fer entrepris en vertu d'une concession de l'État, ou même n'aboutissent pas du tout à la propriété de l'objet auquel ils s'appliquent et sont rémunérés par un salaire, un traitement, des distinctions honorifiques.

Si la propriété, en principe, est perpétuelle, c'est que la société a intérêt à ce que la plupart des choses soient possédées individuellement, pour en mieux assurer la conservation, le renouvellement, le perfectionnement. Ici l'intérêt de la société est en sens contraire. Ce n'est pas la communauté, avec tous ses inconvénients, qui remplace la propriété individuelle, c'est le domaine public qui rend la chose accessible à tous ceux qui veulent et peuvent s'en servir. La chose elle-même ne peut être modifiée. Elle ne saurait l'être, sans cesser d'être l'œuvre de l'auteur. En outre, il n'est pas à craindre, sauf des cas tout à fait exceptionnels, qu'un héritier ou un cessionnaire d'une chose matérielle, néglige la propriété qui lui est transmise : il n'a aucun intérêt à ne pas la faire valoir. L'héritier ou le cessionnaire d'une œuvre intellectuelle peut parfaitement avoir intérêt à la laisser dans l'ombre, soit pour empêcher certaines opinions de se répandre, soit pour favoriser la diffusion d'œuvres nouvelles ou anciennes auxquelles il est plus attaché.

En réalité il y a ici, en face de l'hérédité par le sang, une hérédité spirituelle qui domine l'autre d'autant plus qu'on s'éloigne davantage du point de départ de l'œuvre. Les véritables héritiers d'un grand écrivain, d'un grand artiste ne sont pas ceux qui se rattachent à lui par les liens de la famille ou par un contrat de transmission, ce sont ceux qui aiment ses œuvres, qui les admirent, qui s'en inspirent et qui s'efforcent de les faire connaître. Sous l'empire même de la propriété restreinte, il peut arriver qu'un petit-fils, animé de sentiments pieux envers l'auteur et voulant éditer ses œuvres, vienne se heurter contre le privilège d'un cessionnaire. Si la propriété littéraire était perpétuelle, les descendants de l'auteur seraient dans l'impuissance de faire revivre des œuvres qu'ils considèrent comme injustement dérobées au public. L'auteur profiterait du reste bien rarement de cette perpétuité pour lui-même ou pour les siens. La valeur des œuvres intellectuelles est difficilement appréciée dans le présent ; dans l'avenir, c'est absolument l'inconnu. Les auteurs d'œuvres durables sont récompensés par la gloire et par l'influence prolongée qu'ils exercent sur la postérité. Les auteurs d'œuvres médiocres ne peuvent compter sur la durée. On peut la leur promettre, mais la leur assurer est impossible.

La plupart des choses usuelles échappent au domaine public. Tels sont les vêtements, les meubles, les denrées alimentaires. Cependant, les progrès de la civilisation les rapprochent peu à peu et indéfiniment du domaine public, sans qu'elles puissent jamais y être rangées. Par le bon marché (et c'est une raison de plus en faveur du libre échange) elles deviennent accessibles, sinon au premier venu, du moins à un nombre toujours croissant d'êtres humains. Les famines, les disettes ne sont plus que des souvenirs historiques dans les pays de civilisation européenne. Les superfluités d'autrefois, comme le sucre par exemple, sont devenues des choses d'utilité générale. Les bonnes chaussures, les vêtements confortables ne sont plus des raretés. Tout le nécessaire de la vie, et même quelque chose au delà, est désormais à la portée des petites bourses. Encore quelques pas en avant, surtout si la moralité et la sagesse se développent autant que l'agriculture, l'industrie et le commerce, et personne ne sera exclu d'une certaine part de bien-être.

On n'arrivera pas à l'égalité rêvée par des esprits chimériques, cette égalité n'est ni possible, ni désirable, elle ne peut exister sous l'empire de la liberté et en étouffant la liberté elle étoufferait dans leur germe tous les progrès, mais on arrivera à diminuer des inégalités souvent excessives et on assurera aux plus humbles un sort meilleur.

IX. — Autorités locales.

Les considérations qui précèdent s'appliquent aux autorités locales comme aux autorités centrales, aux communes et aux départements comme à l'État. Des personnes, peu au courant de notre législation actuelle, se plaignent de notre centralisation excessive. On voudrait abolir ce qu'on appelle la « tutelle administrative », laisser les départements et les communes gérer à leur guise leurs intérêts. Les intérêts locaux seraient ainsi mieux compris, l'expédition des affaires plus rapide, et un plus grand nombre de citoyens aurait le souci de la chose publique.

Il suffit de jeter les yeux sur la loi du 10 août 1871 relative aux conseils généraux et sur celle du 5 avril 1884 relative aux conseils municipaux pour constater que les attributions des autorités locales sont multiples, très importantes et très complexes. Une très grande partie de la voirie (routes départementales, chemins de grande communication, chemins vicinaux, chemins ruraux, rues et places, chemins de fer d'intérêt local et tramways, bacs et passages d'eau) et de l'assistance (aliénés, enfants assistés, hôpitaux, hospices et asiles) est entre leurs mains.

Le maire, élu par le conseil municipal, qui lui-même émane du suffrage universel, dispose de la police municipale et la police municipale comprend terriblement de choses, entre autres :

L'entretien, le nettoiement, l'éclairage, la sécurité des rues, quais et places ;

Le bon ordre dans les lieux d'assemblée publique, les foires et marchés, les spectacles, les jeux, cafés et églises ;

La décence des inhumations et des cimetières ;

La fidélité du débit des denrées et la salubrité des comestibles exposés en vente ;

Les précautions à prendre contre les incendies, les inondations, les maladies épidémiques ou contagieuses, les épizooties, les aliénés dangereux, la divagation des animaux malfaisants ou féroces.

Il est vrai que la police municipale est exercée sous la surveillance de l'autorité supérieure et que la plupart des délibérations prises par les autorités locales sont subordonnées à l'approbation des représentants de l'État. Mais il faut distinguer, dans cette surveillance et cette subordination, la tutelle proprement dite et le contrôle.

La tutelle consiste à protéger les communes et les départements, dans leur intérêt, contre leurs propres erreurs. Le contrôle consiste à protéger les tiers, le public en général, la minorité des communes ou des départements, les générations futures et enfin la nation tout entière contre les abus que peuvent commettre les autorités locales.

La tutelle peut être restreinte et même disparaître. Le contrôle doit subsister.

Voilà une commune qui veut entreprendre une construction nouvelle, une reconstruction entière ou partielle, de grosses réparations ou simplement des réparations d'entretien, il faut, sous le régime actuel, que la dépense résultant de ces travaux soit totalisée avec les dépenses de même nature pendant l'exercice courant. Si la dépense totale dépasse les limites des ressources ordinaires et extraordinaires que les communes peuvent se créer sans autorisation spéciale, les projets, plans et devis doivent être soumis à l'autorité supérieure et, comme l'autorité supérieure comprend toute une série d'agents hiérarchisés qui tous sont appelés à intervenir et que rien n'oblige à se presser, un long temps s'écoule avant qu'on puisse aboutir. Mieux vaudrait sans doute, dans ce cas et dans des cas analogues, affranchir les communes de la tutelle administrative et les laisser libres à leurs risques et périls, du moment qu'elles ne portent atteinte à aucun droit.

Voilà, par contre, une commune qui veut agrandir le périmètre de son octroi pour y englober une caserne de cavalerie ou d'artillerie, c'est-à-dire pour vivre en définitive aux dépens de l'État, une autre qui établit des tarifs différentiels de manière à protéger les produits locaux (fromages, beurres, marbres ouvrés, etc.) contre les produits forains ; une autre encore qui envahit le domaine public de l'État (rivières, quais, grandes routes, etc.), ou bien qui veut percevoir des impôts spoliateurs contraires aux principes de notre droit fiscal, qui impose aux adjudicataires de ses travaux des *minima* de salaire et des *maxima* de travail que nos lois ne reconnaissent pas, qui ruine ou déprime certaines industries par la concurrence d'établissements municipaux (boulangeries, boucheries, pharmacies, etc.) gérés aux frais des contribuables. Doit-on la laisser libre de se mettre ainsi au-dessus des lois, au-dessus des règles constitutionnelles qui préservent la propriété et les libertés de l'ordre économique? Allant plus loin, faut-il lui permettre par l'organe de son maire, et sous prétexte de police municipale, de porter atteinte à la liberté de conscience, d'interdire à un prêtre de porter à un malade le Saint-Sacrement, ou à un ministre des cultes quelconque de suivre en costume le convoi d'un mort?

Sous un gouvernement qui représente la nation tout entière, l'autorité centrale est souvent plus respectueuse de la liberté que l'autorité locale. Pourquoi? Parce que très peu d'hommes se passionnent pour toutes les libertés et plus rares encore sont ceux qui ne tiennent à aucune liberté. Dans les villes, on tient beaucoup à la liberté de la presse, à la liberté des réunions et des syndicats. Dans les campagnes, ces sortes de libertés sont accueillies avec indifférence, parfois on s'y montre hostile, mais on tient au respect de la propriété et du culte. Dans tel endroit on estime que la liberté du commerce et du travail est précieuse, dans tel autre on la sacrifiera. Séparés en petits groupes, les citoyens du même pays ont une forte tendance à traiter le forain comme le pays tout entier traite l'étranger. Le protectionnisme local n'est pas beaucoup plus absurde et il est aussi naturel que le protectionnisme national. Dans une vaste assemblée où se rencontrent les élus du peuple venus des extrémités les plus opposées du territoire, les tendances divergentes s'équilibrent, on hésite à sacrifier une liberté ardemment défendue par une minorité imposante et on arrive à maintenir, sinon toutes les libertés publiques, du moins les plus essentielles.

L'autonomie absolue, ou poussée très loin, des pouvoirs locaux aurait, malgré ces objections, quelque chose de séduisant si la paix non armée régnait en Europe. Le côté séduisant de l'autonomie, ce sont les expériences sociales qu'elle permettrait. Il y aurait des communes ouvertes au libre commerce, d'autres, en grand nombre hélas ! jalousement fermées. Dans certaines communes, la propriété serait respectée, dans d'autres on serait sous l'empire du système collectiviste. Ici, les libres penseurs domineraient et traiteraient les ministres des cultes comme des escrocs qui s'enrichissent aux dépens des crédules par des promesses chimériques. Là, au contraire, l'ancienne théocratie revivrait, les curés et les évêques seraient les maîtres comme dans la partie française du Canada. Ce serait un spectacle bien curieux et bien instructif. A la longue, on verrait quels sont les régimes les meilleurs, on vérifierait si réellement la fantaisie et la déraison peuvent produire de bons résultats. Seulement, dans l'état actuel des choses humaines, bien avant qu'on pût tirer une conclusion d'une pareille expérience, la France n'existerait plus. Physiquement morcelée, divisée au moral par des dissentiments aigus, hérissée de barrières à l'intérieur, troublée par des rivalités féroces et des haines implacables, la France serait une proie facile pour l'étranger et cette proie, nous le savons, aurait bien vite attiré les gens aux dents longues qui nous guettent sur nos frontières de l'Est.

X. — Résumé.

En résumé, il y a des choses qui sont de première nécessité pour la société et que le pouvoir social seul peut faire. De là les services suivants qui doivent être organisés et maintenus à tout prix :

1° Les finances et l'impôt ;

2° La sécurité extérieure et intérieure comprenant l'armée, la marine, la police, la justice criminelle, correctionnelle, civile et commerciale, le régime pénitentiaire ;

3° La préservation du domaine forestier et du domaine public.

Il y a d'autres choses où l'intervention du pouvoir social peut être utile, très utile même, pourvu qu'on en use avec discrétion, mais non indispensable ni exclusive, parce qu'elles comportent, dans une mesure plus ou moins grande, l'action individuelle et le concours des associations libres. On peut y ranger :

1° L'instruction et l'éducation ;

2° L'hygiène publique ;

3° Certains travaux d'utilité générale ;

4° La colonisation ;

5° L'assistance.

L'extension, la diminution ou même l'extinction de ces services dépend des circonstances, des mœurs, de l'état de l'opinion publique, des besoins qui se manifestent ou qui disparaissent et des ressources dont on dispose.

Ce dont il importe surtout de se persuader, c'est que l'intervention du pouvoir social ne peut être efficace et bienfaisante, si l'initiative individuelle est comprimée. Ses bienfaits seront, au contraire, portés à leur *maximum* quand l'effort individuel atteindra son plus haut degré d'énergie. Du sein d'une masse inerte habituée à tout attendre du pouvoir qui la représente ou qui la domine, on parviendra difficilement à extraire des hommes capables de légiférer, de gouverner, d'administrer et de contrôler. On aura des hommes aptes à pérorer, à intriguer, à invectiver, à menacer, à renverser des ministères comme des châteaux de cartes, on n'aura pas des hommes sérieux, des hommes de résolution et d'action. Avec des anneaux de plomb, on ne fera jamais une chaîne d'or.

Nous avons vu, dans la première partie de cet ouvrage, que la morale du devoir, sous peine de rester suspendue en l'air, devait prendre racine dans la morale de l'intérêt général et celle-ci dans la morale de l'intérêt personnel. Le pouvoir social, supérieur contre certains maux à l'effort individuel, en dépend d'une manière étroite. Il peut le seconder ou l'amoindrir : s'il l'amoindrit, c'est sa propre force qu'il énerve, s'il le seconde, c'est elle en définitive qu'il exalte.

TROISIÈME PARTIE

L'ASSOCIATION LIBRE.

I. — Définition.

L'association libre est un intermédiaire entre l'individu isolé ou la famille et l'État.

Quand il s'agit de constituer le pouvoir social, les individus sont groupés forcément d'après la région qu'ils habitent. Leur consentement n'est pas requis. Même sous un gouvernement démocratique, c'est le consentement de la majorité seule qui est demandé, la minorité doit se soumettre. Sans doute si, à la suite d'une guerre, une province est annexée malgré elle, c'est un abus odieux du droit de la force. Mais si on la consulte, conformément aux principes d'un droit plus élevé et à l'exemple donné par la France en 1860 pour Nice et la Savoie, ici encore c'est la majorité seule qui décide pour le présent et pour l'avenir.

La famille est constituée également en dehors du consentement de ses membres par des liens naturels que la loi reconnaît et sanctionne. Dans les pays de civilisation européenne, une part est faite à la liberté dans la constitution de la famille, car le mariage, qui en est la base, est nul si les époux n'y ont pas librement consenti : les alliances et les parentés qui en résultent sont et ne peuvent pas ne pas être obligatoires.

Toute autre est l'association. Les individus dans l'association sont groupés par leur volonté, en vue d'un but déterminé. Si elle a une durée illimitée, ils peuvent s'en retirer pourvu que ce ne soit pas de mauvaise foi ou à contre-temps. S'ils s'en retirent avant le terme fixé, ils ne sont pas passibles de pénalités corporelles, ils sont seulement soumis à des dommages-intérêts. S'ils restent, les chefs de l'association sont toujours responsables envers eux. La majorité n'exerce pas sur eux une autorité absolument souveraine.

Elle ne décide que de certaines affaires. Elle ne peut modifier les bases de l'association. Cette modification exige l'unanimité. Souvent, même pour les affaires qui ne touchent pas aux principes essentiels de l'association, la majorité simple ne suffit pas : il faut une majorité plus forte par exemple des deux tiers, des trois quarts ou des quatre cinquièmes.

II. — Classification et conditions légales d'existence.

On peut diviser les associations d'après le but qu'elles poursuivent en trois catégories :

1° Les sociétés civiles et commerciales dont le but est d'obtenir un bénéfice par la gestion de fonds de commerce, de banques et d'assurances, par l'exploitation de domaines ruraux, d'immeubles urbains, de mines, de manufactures et d'usines, enfin par tous autres moyens licites d'employer son activité et ses capitaux au service de ses semblables et de recevoir en échange une rémunération corrélative ;

2° Les associations proprement dites ayant, en apparence au moins, un but désintéressé, poursuivant la satisfaction de besoins moraux et intellectuels : associations religieuses, politiques, philosophiques, scientifiques, littéraires, artistiques, philanthropiques ; associations pour célébrer un culte, pour former ou concentrer un parti, pour propager certaines doctrines, mettre en lumière certaines œuvres ou certaines méthodes : associations pour l'éducation, pour la

leurs confrères ou à leurs camarades, à leurs compatriotes ou même à l'humanité entière. Dans cette troisième catégorie rentrent les sociétés de secours mutuels, les syndicats professionnels, les sociétés coopératives.

La législation de tous les pays impose aux associations des limites plus ou moins étroites et les soumet à des règles qui ont paru indispensables :

1° Pour protéger les droits des tiers ;

2° Pour protéger les associés eux-mêmes contre la fraude ;

3° Pour empêcher que l'association ne dégénère en une abdication totale ou excessive de la liberté individuelle et n'aboutisse à la servitude ;

4° Pour préserver les droits des générations futures ;

5° Pour que l'association ne puisse compromettre ni la sécurité extérieure, ni la sécurité intérieure.

§ 1. — SOCIÉTÉS CIVILES ET COMMERCIALES.

Les règles qui concernent en France les sociétés civiles sont assez simples. Les principales consistent à interdire la clause léonine (celle qui donnerait à l'un des associés la totalité des bénéfices ou qui l'affranchirait de toute contribution aux pertes) et la stipulation qui ferait tomber dans le fonds commun, autrement qu'à titre de jouissance, les biens advenus à l'un des associés, postérieurement au contrat de société, par succession, donation ou legs. On détermine aussi les conditions sous lesquelles les administrateurs exercent leur pouvoir et on garantit aux associés, sous certaines réserves, le droit de se retirer. Du reste elle peuvent se constituer sans autorisation du gouvernement et sans publicité spéciale. Les sociétés civiles, parmi lesquelles figurent peut-être à tort les sociétés pour l'exploitation des mines, ne faisant pas acte de commerce ne sont pas engagées dans ce vaste tourbillon d'affaires que le commerce crée et qui enveloppe, favorise ou compromet tant d'intérêts divers sur toute la surface du globe.

Les sociétés commerciales ne sont pas non plus, sauf au cas de tontine ou d'assurance sur la vie, soumises à l'autorisation du gouvernement. Mais on leur impose une réglementation très minutieuse relative à la publicité des actes constitutifs ou modificatifs de leur établissement, au versement du capital, au montant *minimum* de chaque action, à l'émission d'actions au porteur, à l'approbation des apports en nature, à la responsabilité des administrateurs, au fonctionnement du Conseil de surveillance et des assemblées d'actionnaires. Quant à la responsabilité des actionnaires vis-à-vis des tiers elle est, selon la forme de la société, plus grande ou moindre que dans les sociétés civiles. En effet, dans les sociétés civiles, les associés ne sont pas solidaires, mais ils sont tenus pour leur part virile de toutes les dettes sociales. Dans les sociétés commerciales en nom collectif, tous les associés sont solidaires et dans les sociétés en comman-

...te ou les sociétés anonymes les commanditaires ou actionnaires ne sont tenus que jusqu'à concurrence de la somme qu'ils ont souscrite.

Les sociétés civiles et commerciales peuvent troubler l'ordre social, mais non le renverser ou le détruire, précisément parce qu'elles poursuivent seulement un bénéfice pécuniaire et qu'elles ne visent pas à transformer le monde. Elles n'absorbent pas l'homme tout entier. Elles limitent sans doute la liberté de leurs membres, mais sur des points restreints, bien déterminés et pour un temps qui ne peut pas se prolonger indéfiniment. Voilà pourquoi le législateur les laisse se constituer et se mouvoir, au milieu d'un réseau de prescriptions assez gênantes parfois, mais dont aucune n'est de nature ni à les empêcher de naître, ni à les faire mourir.

Par le nombre de leurs membres, par la masse de leurs capitaux, par leurs imprudences, par leurs manœuvres il arrive cependant qu'elles émeuvent l'opinion publique et attirent l'attention du gouvernement. Il convient alors que la justice intervienne, mais qu'elle intervienne seule, pour réprimer les abus. Son action doit être prompte et énergique. Elle sera d'autant plus efficace que les pouvoirs politiques ne viendront pas se mêler à son œuvre. Les assemblées législatives n'ont ni l'impartialité, ni la clairvoyance, ni l'organisme sagement perfectionné pendant de longs siècles qui permettent aux tribunaux de dégager la vérité du milieu de faits complexes et obscurs, commentés de tant de manières diverses par tant de gens intéressés ou passionnés qui ne sont pas toujours d'une intel-

§ 2. — ASSOCIATIONS PROPREMENT DITES.

Les associations proprement dites envahissent plus profondément et plus largement la personnalité humaine. Leur action n'est pas limitée par les nécessités commerciales. Elle s'étend à toutes les choses de l'ordre moral et intellectuel, c'est-à-dire à tout ce qui touche l'âme même de la nation. Leur but réel n'est pas toujours facile à découvrir. Derrière le but apparent, annoncé tout haut, s'en cache souvent un autre qu'on n'avoue pas. Sous prétexte d'instruire, de consoler, d'assister, on cherche parfois à exercer une influence politique ou sociale, à dominer, à

sans avoir besoin de solliciter les adhésions et de mériter les sympathies du milieu social où elles vivent.

De là l'hostilité des gouvernements autoritaires et les inquiétudes des gouvernements libéraux. A vrai dire, dans aucun pays elles ne jouissent d'une liberté entière. Nulle part, elles ne sont traitées comme de simples individus. Aux États-Unis, où elles ont atteint le plus haut degré de liberté qu'elles connaissent, elles sont tenues de se faire enregistrer et les biens qu'elles possèdent sont limités, soit en surface, soit en valeur.

En France, depuis un certain nombre d'années, il y a une différence profonde entre la situation de fait et la situation de droit. Au point de vue du droit pur, les anciennes règles empruntées au régime de la monarchie absolue et renouvelées en 1810 par le Code pénal, puis d'une manière plus stricte en 1834, subsistent. Aucune association, si elle comprend plus de vingt personnes, n'est permise sans une autorisation du gouvernement. Pour obtenir la personnalité civile, c'est-à-dire le droit d'ester en justice, le droit de posséder à titre collectif, le droit de recevoir des dons et legs, il faut que les associations soient reconnues, par décret rendu en Conseil d'État, comme établissements d'utilité publique. En outre, les dons et legs faits en leur faveur ne peuvent être acceptés sans une autorisation préalable qui est accordée, selon les cas, soit par un arrêté préfectoral, soit par un décret rendu en Conseil d'État.

En fait, il existe en France un nombre considérable d'associations tolérées, autorisées ou même reconnues comme établissements d'utilité publique. C'est une des raisons qui rendent si difficile une loi nouvelle. Au premier abord, il semble que l'état de fait devrait faciliter l'état de droit, mais quand on y réfléchit, le contraire se produit. Une loi nouvelle sera certainement moins restrictive que la loi actuelle; mais sera-t-elle assez large pour que l'état de fait actuel n'excite aucun regret? On peut tolérer ou autoriser beaucoup de choses qu'on n'oserait pas permettre de plein droit sans les soumettre à certaines conditions. La loi nouvelle, quelle que peu restrictive qu'elle soit, le sera toujours un peu et il est à craindre qu'elle ne soit pas accueillie avec beaucoup d'enthousiasme. C'est cet effet sur l'opinion publique qu'on redoute et qui tient en suspens les projets présentés. On finira cependant tôt ou tard par comprendre qu'un droit restreint vaut mieux qu'une tolérance très étendue et la longue habitude d'associations de toute espèce rendra possible une liberté légale très large, sinon absolue.

§ 3. — ASSOCIATIONS MIXTES.

Les associations mixtes sont les plus favorisées. Elles sont régies par des lois spéciales qui adoucissent pour elles les rigueurs du droit commun. On les dispense de certaines formalités et même de certains impôts, on accorde à quelques-unes d'entre elles des subventions, d'autres sont soustraites presque entièrement à l'autorité gouvernementale.

Ainsi, pour les sociétés de secours mutuels, on a admis une situation intermédiaire entre celle des sociétés dites libres qui sont simplement autorisées, sans posséder dans toute sa plénitude la personnalité civile, et celle des sociétés reconnues comme établissements d'utilité publique; un arrêté du ministre de l'intérieur, dans le département de la Seine, un arrêté du préfet dans les autres départements, suffisent pour que les sociétés de secours mutuels, dites sociétés approuvées, puissent recevoir des dons et legs, soient exemptées des droits de timbre et d'enregistrement, participent aux subventions budgétaires et obtiennent même d'autres avantages qu'il serait trop long d'énumérer.

Ainsi on a créé, en vue des sociétés coopératives, bien qu'il ne leur soit pas exclusivement réservé, un type de société commerciale qu'on a appelé société à capital variable, parce que contrairement aux prescriptions du droit commercial ordinaire, « le capital social est susceptible d'augmentation par les versements successifs faits par les associés ou l'admission d'associés nouveaux et de diminution par la reprise totale ou partielle des apports effectués ». Les actions de ces sociétés comportent des coupures plus petites que celles des autres sociétés. Enfin la jurisprudence exempte de la patente les sociétés coopératives de consommation ou de crédit qui n'ont pas d'adhérents et qui vendent ou prêtent à leurs membres sans ouvrir au public leur magasin ou leur caisse. Elle a assimilé une société qui consomme elle-même les denrées qu'elle se procure ou qui crédite ses membres avec ses propres fonds à un particulier qui achète ou emprunte pour son usage personnel et qui ne peut être soumis à la patente ne faisant pas acte de commerce.

Après les sociétés de secours mutuels et les sociétés coopératives, les syndicats professionnels fournissent un dernier exemple, et non le moins remarquable, d'associations mixtes favorisées par le législateur.

La loi du 21 mars 1884 définit, dans ses articles 2 et 3, les syndicats professionnels: ce sont des associations de « personnes exerçant la même profession, des métiers similaires ou des professions connexes concourant à l'établissement de produits déterminés ». — « Ils ont exclusivement pour objet l'étude et la défense des intérêts économiques, industriels, commerciaux et agricoles ».

Quels sont les avantages que possèdent ces syndicats?

1° Ils peuvent se constituer sans autorisation du gouvernement;

2° Sans être autorisés, ils possèdent néanmoins la personnalité civile: ils peuvent acquérir, à titre gratuit et à titre onéreux, des biens meubles et même des immeubles, si ces immeubles sont nécessaires à leurs réunions, à leurs bibliothèques, ou à leurs cours d'instruction professionnelle;

3° Ils peuvent concerter un plan pour la cessation du travail. La loi du 25 mai 1864 avait bien affranchi de toute pénalité la coalition des ouvriers ou des patrons faite en vertu d'un plan concerté, mais, par une étrange contradiction, elle n'avait pas permis l'association en vue d'établir ce concert. D'après la loi de 1884, l'association est licite comme le plan concerté.

La seule formalité exigée pour la constitution régulière des syndicats consiste dans le dépôt à la mairie des statuts et des noms des directeurs ou administrateurs. Les noms des syndiqués, autres que les directeurs ou administrateurs, ne sont pas publiés.

Aucune règle n'est imposée ni pour la désignation des chefs, ni pour déterminer leur responsabilité, ni pour les délibérations des assemblées syndicales, ni pour la publicité des actes du syndicat, ni pour l'inventaire et le bilan de la société. Les directeurs et administrateurs peuvent parfaitement ne pas être élus d'une manière régulière, ils ne sont astreints à aucun compte rendu, leur responsabilité n'est pas précisée et la gestion du syndicat, comme sa composition, peut être occulte. Par là les syndicats professionnels ont une certaine analogie avec les agrégations et les congrégations qui ne constituent pas des associations libres et dont nous aurons à nous occuper plus loin. Si l'on eût fait une loi générale sur les associations, au lieu d'une loi spéciale, il est permis de croire que le législateur n'aurait pas eu une si grande confiance dans le bon esprit des associés.

On a beaucoup compté, il est vrai, sur les termes en apparence restrictifs des articles 2 et 3; mais, soit par suite d'une surveillance insuffisante, soit par la force des choses et grâce à l'élasticité des mots employés, les syndicats sont constamment influencés et souvent dirigés par des hommes étrangers à la profession des syndiqués, par des politiciens remuants et ambitieux et, sous prétexte de traiter des questions économiques, ils se livrent à des polémiques et à des propagandes ardentes en faveur de certains partis, de certaines réformes, ou même de certaines révolutions sociales.

Il faut cependant relever, dans la loi de 1884, une disposition très sage qui tend à protéger la liberté individuelle des syndiqués, c'est celle de l'article 7 qui déclare que « tout membre d'un syndical professionnel peut se retirer à tout instant de l'association, nonobstant toute clause contraire ». Quant aux abus dont pourraient être victimes les syndiqués démissionnaires et les non-syndiqués, ils ne sont pas prévus par la loi, mais les tribunaux s'appuyant sur les principes du droit commun peuvent, par des condamnations à des dommages-intérêts, les réprimer et plusieurs jugements ou arrêts attestent qu'ils ont parfois eu recours, sans défaillance, à ce mode de répression.

En cas d'infraction aux dispositions de la loi de 1884, les directeurs ou administrateurs des syndicats sont passibles de peines légères (amendes de 16 à 200 francs), mais la dissolution du syndicat peut être prononcée à la diligence du Procureur de la République par les tribunaux.

Les acquisitions d'immeubles faites illégalement sont annulées.

III. — Agrégations et Congrégations.

Chez tous les peuples, dans tous les temps et dans tous les pays, un certain nombre d'êtres humains éprouvent une sorte de lassitude morale qui les porte à abdiquer leur liberté, à soumettre leur volonté à celle d'autrui, à dépouiller leur personnalité. Réfléchir, hésiter, douter, délibérer, se décider par eux-mêmes, à leurs risques et périls, leur paraît insupportable. Ils aspirent au repos ou à une activité strictement réglée en dehors d'eux. Ils se complaisent dans l'obéissance passive, sous le joug d'une autorité absolue, prêts à tout souffrir pourvu qu'ils n'aient pas à choisir et à vouloir.

Parmi eux se glissent d'autres hommes animés de l'esprit de domination, se soumettant eux aussi, mais non par lassitude morale, poussés au contraire par un excès d'énergie dont le trop plein les consume. Ce qu'ils veulent, c'est arriver à commander à leur tour, à grouper autour d'eux une force humaine cohérente et obéissante dont ils se serviront ensuite pour exercer sur le monde un empire spirituel indéfiniment étendu et pour peser d'une manière efficace sur les destinées des peuples. *Omnia serviliter pro dominatione,* ces fortes paroles de Tacite résument leurs sentiments et leur conduite. L'idée de la liberté est absente de leurs âmes autant au moins que chez ceux qui se soumettent sans arrière-pensée. De là ces formidables groupes durement disciplinés et habilement dirigés, souvent avec une perfidie plus dangereuse que la violence : les confréries des Khouans chez les populations musulmanes, les congrégations religieuses chez les catholiques, l'armée du salut chez les protestants et certaines sectes révolutionnaires. « Tu seras entre les mains du Mokhadem, disent les statuts des Khouans en Kabylie, comme le cadavre entre les mains du laveur des morts qui le tourne et le retourne à son gré. » La formule des Khouans se retrouve presque textuellement chez les Jésuites et, sous une autre forme, dans presque toutes les agrégations et congrégations.

Le contrat qui lie le congréganiste envers la congrégation n'est pas un contrat d'association, c'est un contrat d'assujettissement. Le congréganiste n'est pas l'associé de son supérieur. Il ne traite pas d'égal à égal avec lui. Il n'a pas de comptes à lui demander. Son entrée dans la communauté n'a pas toujours été volontaire, il a été souvent déterminé par des menaces, des persécutions ou des promesses décevantes ; mais même en le supposant libre à ce moment, il n'a usé de sa liberté un instant que pour la perdre aussitôt et pour tomber dans cet état de dégradation qu'on qualifiait jadis de mort civile.

En présence d'une organisation aussi exceptionnelle et l'on peut dire sans exagérer aussi monstrueuse, on comprend que des mesures également exceptionnelles aient été prises par les pouvoirs publics. Là où la liberté d'association n'existe pas, il est naturel qu'il y ait un redoublement de rigueur contre les congrégations non autorisées qui présentent à la centième puissance les dangers des associations, sans les avantages et les garanties qui en sont la contre-partie. Là où la liberté d'association existe, il n'est ni extraordinaire, ni injuste qu'elle ne s'applique pas aux congrégations qui reposent sur des principes tout différents.

D'un autre côté on ne peut nier que l'être humain ainsi débarrassé de tout souci, n'ayant plus à penser par lui-même et animé d'une foi ardente, ait déployé une force d'endurance merveilleuse et rendu parfois de grands services à l'humanité. Soit par des travaux d'érudition, tels que ceux des bénédictins, soit par l'exemple de la vie contemplative, soit par des œuvres d'éducation, soit par des œuvres de charité, par les soins souvent répugnants donnés aux malades et aux infirmes, par des œuvres de prosélytisme aux risques du martyre dans les pays infidèles, chez les sauvages, chez les barbares ou les peuples civilisés, mais ayant une civilisation différente de la nôtre, soit enfin par le défrichement des terres incultes, les communautés religieuses se sont signalées d'une manière éclatante.

Sans doute leurs bienfaits ont été exagérés, On ne voit pas que les malades soient moins bien soignés dans les pays protestants que dans les pays catholiques, ni par des laïques moins bien que par des religieux ou des religieuses, Les terres les plus malsaines ont été assainies non par des communautés, mais par des familles libres. Dans les États du Sud de l'Union américaine, ce sont les planteurs qui ont amélioré les terres insalubres qui bordent le golfe du Mexique. Ce sont des pionniers, la plupart protestants qui ont défriché, ce qui expose toujours aux fièvres paludéennes, même sous les meilleurs climats, les vastes espaces qui s'étendent à l'ouest des Alleghanies jusqu'aux Montagnes Rocheuses. Dans notre Algérie, l'exemple le plus mémorable d'assainissement, Boufarie, est l'œuvre des laïques. Il en est de même si l'on considère les travaux d'érudition, l'instruction de la jeunesse, la propagande dans les pays barbares et les explorations scientifiques. Pour ne citer qu'un petit nombre d'exemples, Littré est au moins l'égal des bénédictins les plus laborieux, Livingstone n'est pas inférieur aux missionnaires les plus intrépides et son influence morale sur les indigènes de l'Afrique australe, obtenue par des moyens absolument irréprochables est au-dessus de tout éloge. On l'appelait « l'homme de la paix » : c'était-là un bien beau titre que malheureusement ses successeurs, religieux ou laïques, ont rarement mérité.

Tout bien pesé, il faut reconnaître que le mal fait par les congrégations ne va pas sans une certaine compensation, compensation très insuffisante suivant nous, mais qui explique la diversité des régimes auxquels elles ont été soumises. A certaines époques et dans certains pays, on est très sensible au bien qu'elles font et d'autre part le sentiment de la liberté étant peu développé ou dévoyé, ce qu'elles ont de contraire à la dignité humaine ne froisse pas. Alors, loin de les proscrire, on les favorise. Les gouvernements cherchent seulement à se servir de leur influence pour consolider leur autorité. Quand le sentiment de la liberté s'éveille chez un peuple, on perd de vue leurs bienfaits, on ne voit en elles qu'une menace permanente pour l'esprit humain et on prend contre elles des mesures rigoureuses. Peu à peu, on remplace leurs œuvres dans l'ordre intellectuel, comme dans l'ordre de la charité, par des œuvres purement laïques. Quand au contraire les institutions libérales sont fondées de telle manière qu'elles paraissent inébranlables, quand des églises très diverses par leurs dogmes et leur discipline, se partagent la nation et s'équilibrent à peu près, sans qu'aucune d'elles domine exclusivement, quand à côté des églises s'élèvent de puissantes associations laïques, les unes s'occupant de choses littéraires, artistiques ou scientifiques, les autres attachées aux questions sociales, alors les congrégations peuvent jouir d'une certaine tolérance ; on ne les aime pas, on ne se dissimule pas leurs côtés inférieurs, mais on ne les craint plus et, par une sorte de concession à la faiblesse humaine, on les laisse vivre.

Les diverses mesures employées contre les congrégations peuvent se résumer ainsi :

1° Interdiction absolue des congrégations. Pénalités sévères contre celles qui persistent. Faculté de les dissoudre donnée aux tribunaux ou à l'administration ;

2° Interdiction de certaines congrégations. Autorisation accordée aux autres sous certaines conditions ;

3° Annulation des vœux prononcés par les congréganistes. Ces vœux ne sont plus alors qu'un lien moral et ne peuvent produire aucun effet civil ;

4° Possibilité de poursuivre civilement les congrégations non reconnues. Les congrégations non reconnues ont souvent invoqué leur inexistence pour se dérober à leurs engagements envers leurs membres ou envers les tiers. Cette thèse subtile a été soutenue dans l'affaire Deguerry (1857), mais elle a été repoussée par la Cour d'appel de Paris et par la Cour de cassation. La congrégation non reconnue existe en fait et elle peut être poursuivie par les intéressés, dans la personne de ses supérieurs;

5° Surveillance spéciale des communautés cloîtrées. Un crime peut difficilement se commettre, sans être connu, dans un domicile privé. Il n'en est pas de même dans un couvent dont les communications avec le dehors sont très rares. Le silence se fait autour de lui. Le mystère enveloppe tout ce qui s'y passe. D'horribles abus, notamment des séquestrations arbitraires, peuvent avoir lieu au fond de ces retraites obscures. Des visites de magistrats, intermittentes et inattendues, paraissent justifiées aussi bien pour les cloîtres que pour les asiles d'aliénés;

6° Publicité imposée pour les statuts, les vœux, les noms des membres et surtout des supérieurs ou supérieures, pour le bilan annuel de la situation financière de la communauté;

7° Limitation des biens. Cette limitation, sous une forme ou sous une autre, se retrouve dans les législations les plus libérales, comme celles des États-Unis et du Canada. On distingue souvent les meubles des immeubles. Les immeubles sont soumis à des restrictions plus rigoureuses. On détermine une certaine étendue ou une certaine valeur qu'ils ne peuvent dépasser. En général, on excepte de la limitation, comme dans notre loi sur les syndicats, les immeubles qui servent au fonctionnement normal de la congrégation.

On peut aussi exiger des congrégations des taxes spéciales qui compensent les droits de mutation par décès que leurs biens ne payent pas et même les droits de mutation à titre onéreux qu'ils payent moins fréquemment. Tel était sous l'ancien régime le droit d'amortissement qui portait sur les meubles et les immeubles et s'élevait, quand on parvenait à le percevoir, jusqu'à 16,66 pour 100.

De nos jours, le régime fiscal des congrégations en France est très compliqué, le législateur n'étant pas arrivé par des moyens simples à déjouer les procédés subtils que les supérieurs et les supérieures, sous la direction de jurisconsultes retors, emploient pour se soustraire à l'impôt. La taxe d'amortissement loyalement appliquée et loyalement payée est parfaitement juste. Pour les congrégations, comme pour les associations perpétuelles, elle devrait être, selon moi, d'autant plus élevée sur chaque valeur, mobilière ou immobilière, acquise à titre gratuit que la date de l'acquisition serait plus ancienne. On atténuerait ainsi les inconvénients signalés par Turgot, dans son article sur les « fondations » qui résultent des ressources considérables possédées, grâce à des libéralités anciennes, par certaines agrégations qui se perpétuent indéfiniment, sans être obligées de recourir à de nouvelles offrandes ou à des cotisations régulières et qui persistent ainsi comme des corps étrangers et hostiles au sein de la société.

Parmi les mesures que nous avons énumérées, les plus rigoureuses ont presque entièrement disparu. Elles disparaîtront tout à fait quand les congrégations seront animées d'un esprit moins rétrograde, ou plutôt quand leur influence sera moins redoutable, car, par leur nature même, elles répugnent à se mettre en harmonie avec la civilisation moderne. Quant à la surveillance spéciale des communautés, si elles sont cloîtrées, à la publicité des noms de leurs membres et de leur gestion financière, à la limitation de leurs biens et aux justes impôts qu'elles doivent supporter, ce sont là des mesures qui paraissent essentiellement inhérentes au droit public des peuples les plus respectueux de la liberté de conscience, même dans ses égarements.

IV. — Utilité des Sociétés civiles et commerciales.

Écartant les agrégations et les congrégations, nous nous attacherons désormais uniquement aux associations véritables, aux associations libres, à celles qui n'étouffent pas la personnalité humaine, mais qui au contraire la fortifient, lui permettent de prendre un plus grand essor et lui assurent, dans la lutte contre le mal une supériorité dont ne peut jouir ni l'individu isolé, ni l'individu assujetti. Bien que non encore pleinement développées, les services qu'elles rendent déjà sont considérables.

Le monde est couvert de sociétés civiles et commerciales, les unes composées d'un très petit nombre d'associés, avec des capitaux médiocres, les autres comprenant des capitaux immenses et des milliers d'associés. Supposez qu'elles disparaissent, une énorme lacune se produirait dans l'ordre économique. La plupart des capitalistes isolés ne tireraient aucun profit de leurs capitaux et chacun des associés, parmi ceux qui apportent dans la société leur activité personnelle, détaché du groupe auquel il appartient végéterait le plus souvent.

Les œuvres des petites sociétés ne sont pas

très imposantes. Elles n'en ont pas moins, dans leur ensemble, une importance notable, mais, à la rigueur, elles pourraient être suppléées, non sans dommage il est vrai, par des œuvres individuelles. Ce qui frappe les yeux des observateurs les plus superficiels et ce qui ne peut être produit qu'avec l'aide des sociétés, sauf dans de très rares occasions, ce sont les grands établissements qu'elles ont fondés et les grands travaux qu'elles ont réalisés : exploitations de mines, entreprises de navigation au long cours, à la voile ou à la vapeur, chemins de fer, percements d'isthmes, télégraphes et téléphones, usines métallurgiques, filatures, tissages et autres manufactures, banques de dépôt et banques d'émission ; vastes magasins où se concentre une masse de marchandises variées, offrant au choix du consommateur, dans le même lieu et à des conditions avantageuses, tout ce qu'il rencontrerait dispersé dans de petites boutiques, après de longues courses ; assurances contre les risques de mer, contre l'incendie et d'autres fléaux, assurances sur la vie, assurances contre la maladie, les accidents et la vieillesse.

De toutes ces œuvres grandioses, la plus extraordinaire est peut-être la création des assurances et surtout celle des assurances sur la vie qui date du siècle dernier en Angleterre et seulement de 1819 en France. Peu à peu elle a grandi. Presque tous les pays civilisés en profitent ; dans quelques-uns, elle a pris des proportions colossales. En Angleterre on compte 14 millions d'assurés, 360 par 1,000 habitants. En France, nous sommes peu avancés sous ce rapport : à peine 300,000 assurés, c'est-à-dire 7 sur 1,000 habitants. En Allemagne, en Suisse, en Autriche, en Belgique, en Hollande, en Danemark, en Norwège le nombre des assurés, sans être aussi grand qu'en Angleterre, est le double ou le triple du nôtre[1]. Ce retard est regrettable. Nulle part la puissance bienfaisante de l'association ne se montre avec un pareil relief. Mourir tranquille

1. Voir article de M. Georges d'Avenel, dans la *Revue des Deux-Mondes* du 15 novembre 1895.

sur le sort des siens, avec le sentiment du devoir accompli, grâce à un léger sacrifice annuel, c'est une bien douce satisfaction et cette satisfaction n'est possible que s'il existe un solide réservoir de capitaux administré par des hommes d'une habileté consommée, opérant sur une base très large, sachant apprécier, avec une exactitude mathématique, les risques qu'ils ont à couvrir.

Quand les assurances prennent la forme de sociétés mutuelles, elles se rapprochent des associations mixtes dont nous parlerons plus loin qui mêlent à la préoccupation d'un bénéfice pécuniaire des tendances philanthropiques.

En quoi consiste au juste la supériorité des sociétés sur l'individu isolé ? Dans le concours des capitaux et le concours des aptitudes provoqué d'une manière plus efficace.

D'une part, la société recueille et fait fructifier de très petits capitaux : elle permet aux plus humbles de prendre une part dans le produit et même, directement ou indirectement, dans la direction des plus grandes entreprises. D'autre part, elle utilise mieux les aptitudes diverses des hommes qu'elle emploie. Le même homme n'a pas toujours les aptitudes commerciales et les aptitudes industrielles. Le même n'est pas toujours apte au travail intérieur et au travail du dehors. L'un a l'esprit inventif et n'a pas l'esprit d'ordre et l'esprit conservateur. Tel autre qui n'a ni l'esprit commercial, ni l'esprit industriel, a l'intelligence de la loi, le sens juridique : le contentieux lui convient. Chacun, dans une organisation suffisamment étendue, trouve sa vraie place. Dans chaque situation enfin, les frais généraux diminuant avec l'amplitude des affaires, on peut faire figurer des hommes d'une haute valeur.

Un dernier trait achève de caractériser les sociétés, c'est la publicité donnée à leurs actes et à leurs bilans. L'expérience a prouvé, contrairement à des prévisions pessimistes, que ce n'était pas là pour elles une cause de faiblesse, et cette publicité est une bonne chose au point de vue de l'intérêt général, car le secret qui enveloppe les opérations commerciales est une cause de désordre : consommateurs et producteurs, prêteurs et emprunteurs, intermédiaires, simples citoyens et hommes d'État préoccupés de la prospérité publique, tous ont besoin de savoir ce qui se passe pour éclairer leurs vues et diriger leurs agissements.

Les sociétés sont inférieures sur un point aux individus isolés : il leur manque l'œil du maître ; la vigilance du chef ou des chefs délégués par les associés est rarement égale à celle de l'homme qui dispose exclusivement de l'affaire. Mais cette infériorité, qui justifie et explique dans beaucoup de cas le maintien des entreprises individuelles, est compensée par tant d'avantages que, sans la perdre de vue, il ne faut pas la considérer comme un obstacle insurmontable à la bonne gestion des sociétés.

Supérieures, en somme, aux individus isolés, les sociétés le sont-elles aussi à l'État ?

Elles rivalisent avec l'État pour les grands travaux publics. Cette rivalité tourne-t-elle à leur avantage? Pas toujours. Il n'y a pas ici de règle absolue. Quand l'État est prospère, quand il respecte scrupuleusement tous ses engagements, son crédit dépasse le crédit des plus grandes compagnies : il trouve des capitaux à meilleur marché. C'est là, dans certains cas, une cause d'infériorité pour les sociétés.

Elles ne peuvent pas non plus, comme fait l'État, mettre dans le domaine public, c'est-à-dire à la disposition du premier venu, les innovations ou améliorations qu'elles ont réalisées. Si elles créent des routes, des canaux, des ports, des promenades, il faut bien qu'elles exigent des péages pour les rémunérer de leurs peines. Or nous avons vu que de toutes les formes d'appropriation, la plus avantageuse, quand elle est possible, c'est le domaine public, qui n'a ni les inconvénients de la propriété individuelle, ni les inconvénients, cent fois plus graves, de la communauté. Mais le domaine public, par sa nature même, n'est pas susceptible de s'étendre indéfiniment. Il ne peut convenir à toute chose et même il ne convient qu'à un nombre de choses restreint. En outre pour pouvoir l'étendre à des choses qui en sont susceptibles, dès qu'il ne s'agit plus du domaine public naturel, tel que certaines eaux courantes, qu'on possède à titre gratuit, il faut des dépenses et ces dépenses l'État, ou le pouvoir social quelconque qui s'en charge, n'a pas toujours les ressources nécessaires pour les couvrir et, les aurait-il, un meilleur emploi de ces ressources s'impose le plus souvent.

Ces réserves faites, on peut dire qu'en général les sociétés sont supérieures à l'État. La raison en est qu'elles n'ont pas le souci de la politique. Elles ne cherchent pas à satisfaire tel ou tel personnage puissant, tels ou tels électeurs influents, tels ou tels solliciteurs habiles à se faire valoir et valant en réalité fort peu. Elles cherchent à satisfaire leur clientèle. Leur intérêt est de contenter le plus grand nombre possible de consommateurs, de favoriser les vendeurs qui vendent au meilleur marché les meilleurs produits, de prêter aux emprunteurs sérieux qui par leurs capitaux, leur travail, leur moralité seront en état de rembourser, de desservir les localités qui ont le plus de trafic ou qui ont chance d'en avoir dès qu'elles auront obtenu des débouchés. L'intérêt des sociétés est presque toujours d'accord avec l'intérêt général. L'État au contraire agit très souvent sous la pression d'intérêts particuliers et surtout d'intérêts locaux ou régionaux soutenus avec passion et ténacité dans le parlement, intérêts visibles, tangibles, concrets, tandis que l'intérêt général apparaît vaguement comme une sorte d'abstration, de schéma sans couleur et sans vie.

Les sociétés civiles et commerciales forment enfin une pépinière d'administrateurs qui peuvent entrer ensuite au service de l'État. C'est une réserve qu'on n'utilise pas assez, où le pouvoir social recrute avec profit, quand il est bien inspiré, quelques-uns de ses agents. Ces hommes, pris en dehors des cadres ordinaires de la politique et de l'administration, apportent à l'État le tribut de leur expérience, leur énergie éprouvée par une longue habitude de s'aider soi-même, sans mendier l'aide des autres, et de plus une certaine originalité, un esprit de progrès qui empêche les corps administratifs de s'attarder par trop dans les ornières de la routine.

V. — Utilité des Associations proprement dites.

Comme les sociétés civiles et commerciales, les associations proprement dites, c'est-à-dire celles qui ont un objet religieux, politique, littéraire ou tout autre de l'ordre moral et intellectuel, emploient, à côté du personnel gouvernemental, un autre personnel qui remplit des fonctions analogues et qui peut alimenter au besoin le personnel officiel.

Comme elles aussi, mais sur un autre terrain, elles rivalisent avec l'État. Elles complètent son œuvre ou la suppléent.

Les unes poursuivent un but exclusivement philanthropique : elles organisent des secours pour les pauvres, quelquefois avec une certaine imprévoyance et un laisser-aller dangereux, d'autres fois au contraire d'une manière très judicieuse et très sage ; elles s'occupent des enfants abandonnés, des libérés sortant de prison sans appui, sans ressources, sans direction ; elles créent pour les malades des dispensaires et des hôpitaux, des asiles pour les vieillards et les infirmes.

D'autres s'intéressent à l'enseignement, à la culture des sciences, des lettres et des arts. On leur doit des écoles, des cours d'adultes, des bibliothèques, des musées, des observatoires, des laboratoires. Elles encouragent et facilitent la propagation au dehors de la langue nationale. Elles arrachent à l'oubli, à l'indifférence, ou à une hostilité aveugle des produits de l'art ou de la littérature injustement méconnus.

D'autres encore ont un caractère religieux : elles fondent ou entretiennent des lieux de culte, elles répandent certaines croyances, elles rapprochent ceux qu'un certain idéal attire vers un au delà mystérieux, que certaines cérémonies consolent et fortifient. Seules elles peuvent assurer la pleine liberté de conscience, l'indépendance des églises soutenues exclusivement par leurs fidèles, ne subissant aucune domination, mais n'imposant à personne des sacrifices en leur faveur.

Malheureusement de grandes églises, et parmi elles l'église catholique, ont les caractères des congrégations et non ceux des associations libres. Le pouvoir dirigeant chez elles vient d'en haut. Il n'émane pas du peuple des croyants, il émane d'un chef réputé infaillible qui ne relève pas des fidèles. Les laïques ne sont pas les associés des prêtres, ni les prêtres des évêques, ni les évêques du pape. Ce sont des collaborateurs obéissant à des ordres qu'ils ne discutent pas, ou des ouailles, un troupeau qui n'a ni autorité propre, ni volonté dans le domaine des choses sacrées. Là est le grand obstacle à la séparation des églises et de l'État dans les pays de race latine. Même aux États-Unis, dans l'état de New-York, on a été obligé de faire une loi spéciale applicable à l'église catholique, le droit commun des associations ne pouvant pas lui convenir et l'État aimant mieux y déroger que de l'adultérer. C'est cette difficulté qui explique et, dans une certaine mesure, justifie les concordats.

De toutes les associations celles qui ont toujours paru les plus redoutables pour l'État, ce sont les associations politiques. Elles ne cherchent pas seulement à le suppléer, mais à le supplanter. Elles n'ont pas besoin, comme les associations religieuses et charitables, de vastes locaux et de revenus considérables. Pour agiter le pays, quelques salles louées ou prêtées, quelques faibles cotisations leur suffisent. Elles peuvent se passer de la personnalité civile et les lois qui, dans presque tous les pays même les plus libres, limitent les biens des associations, ne les atteignent pas. Cependant l'expérience prouve que, partout où l'on peut les supporter, elles font en somme plus de bien que de mal.

On ne voit pas qu'en Angleterre et aux États-Unis, où elles se créent et se développent sans entrave, elles aient produit aucun bouleversement. En France, où depuis ving-cinq ans elles bénéficient d'une tolérance qui équivaut presque à la liberté, elles n'ont pas empêché la République de se consolider. Les comités royalistes, les comités impérialistes, les comités socialistes sont en permanence. Ils ont leurs chefs, leurs mots d'ordre, leurs rassemblements. Ils ont joué un rôle sans doute dans l'aventure boulangiste, mais un rôle accessoire. Le succès momentané de cette aventure tenait à une personnalité étrange, tout à la fois fascinatrice et répugnante, audacieuse et facile à intimider, sans scrupules, mais non sans hésitations, qui incarnait en elle quelques-unes des qualités et tous les vices du peuple français. C'était une coalition des mécontents et des viveurs de toutes les classes sociales, depuis les plus hautes jusqu'aux plus basses, groupés autour d'un homme. Cette coalition s'est brisée contre la fermeté des pouvoirs publics et le bon sens des masses. Depuis cette aventure, les associations politiques hostiles au gouvernement constitutionnel, qui existaient avant elles, ont persisté, quelques-unes ont pris une extension notable, mais elles ont été tenues en échec par la puissance du suffrage universel.

Malgré leur aspect menaçant, les associations politiques offrent en effet de grands avantages. D'abord elles rendent inutiles et à peu près impuissantes les sociétés secrètes. Or les idées malsaines, les projets malfaisants, les utopies dangereuses n'ont toute leur force que dans l'ombre. Le grand jour est pour eux la plus terrible des épreuves. Mais le bienfait des associations n'est pas seulement négatif. Elles substituent peu à peu la discussion à la révolte, la propagande par la parole à la propagande par le fait. Elles préparent les réformes, elles défendent certains principes anciens, ou certaines idées nouvelles qui, sans elles, seraient dédaignés. En les défendant, elles provoquent des réponses, elles suscitent un mouvement intellectuel qui parfois peut être fécond, elles tempèrent la prédominance par trop exclusive de la presse, elles contribuent à former l'opinion publique, chose capitale dans les sociétés modernes, car tout dépend d'elle à la longue.

On peut comparer les associations de l'ordre moral et intellectuel tour à tour avec l'individu isolé, avec les sociétés civiles et commerciales et enfin avec le pouvoir social.

Si on les compare avec les individus isolés, on trouve peut-être en elles des conceptions moins originales, plus de lenteur dans le développement de leurs œuvres, une moins grande unité de vues, une direction moins ferme, des causes nombreuses d'instabilité, mais, d'un autre côté, leurs ressources sont plus abondantes, parce que la masse de leurs adhérents, tous plus ou moins contribuables, est presque indéfiniment extensible ; elles font appel à un sentiment très fort, très noble et, quand il est bien compris, très vivifiant, le sentiment de la solidarité humaine ; enfin elles créent parmi leurs membres des contacts féconds qui stimulent leurs facultés, elles excitent et fomentent l'émulation.

Si on les compare avec les sociétés civiles et

commerciales, comme elles poursuivent un but, en apparence tout au moins, désintéressé, elles n'entrent pas en lutte avec elles sur le terrain commercial, industriel et agricole. Elles se distinguent d'elles par deux autres traits caractéristiques : 1° leurs membres ne sont pas liés à l'association par un contrat aussi strict ; ils peuvent s'en retirer quand bon leur semble ; 2° le capital ne joue pas dans leur sein un rôle aussi prédominant ; ceux qui donnent peu y sont quelquefois les plus influents, ils payent de leur personne.

Si on les compare à l'État, on peut dire qu'elles ont un mécanisme plus souple, qu'elles se plient mieux aux nécessités du milieu ambiant, qu'elles tiennent compte avec plus de facilité des besoins nouveaux ou anciens, diversifiés de tant de manières par les circonstances, par le climat, par la race, par les mœurs, par le genre de vie de ceux auxquels elles s'adressent. Mais leur supériorité la plus décisive, celle qui les met à l'avant-garde de l'armée du progrès, qui les fait luire aux yeux de l'humanité comme des phares indiquant les voies de l'avenir, c'est que pour agir elles n'ont pas recours à un pouvoir coercitif, c'est qu'elles remplacent la contrainte par l'adhésion libre, la contribution forcée par la cotisation volontaire.

Quand l'œuvre visée est obligatoire, la gratuité devient le corollaire de l'obligation et la gratuité comporte ou commande l'intervention de l'État.

L'obligation résulte de ce qu'un certain état de choses est reconnu contraire, d'une manière absolue, aux exigences du salut public.

Ainsi le service militaire est obligatoire, il est universel, on ne peut pas s'en dispenser à prix d'argent, il ne saurait être organisé par une association, il dépend de l'État et de l'État seul.

Ainsi certaines mesures hygiéniques s'imposent aux peuples soucieux de leur santé et de leur force vitale. La contagion de quelques-uns est une menace pour tous. Éteindre un foyer d'infection, c'est sauver la vie de milliers d'hommes. Pour obtenir un pareil résultat, il faut se résoudre à de grosses dépenses et à des restrictions gênantes. L'État seul peut faire prévaloir ces mesures de salut public. Il ne faut pas en abuser, car elles portent de graves atteintes à la liberté individuelle, le remède serait pire que le mal. C'est une question d'appréciation, très difficile en pratique. Il faut peser avec soin les avantages et les inconvénients des ordres qu'on donne, mais quand, après réflexion et mûr examen, la balance penche décidément dans le sens de l'intervention, il ne faut pas hésiter, il faut agir avec vigueur, sans perdre une minute.

Il en est de même de l'ignorance, quand elle porte sur des notions élémentaires, sans lesquelles on n'est pas un homme civilisé. L'ignorance poussée à un certain point, elle aussi est un foyer morbide qu'il faut éteindre. De là l'enseignement primaire obligatoire. De ce qu'il est obligatoire, il résulte qu'il doit être gratuit, pour que personne n'ait un motif de refus, et qu'il doit être neutre pour ne froisser aucune conviction. Obligatoire, gratuit et laïque, il devient forcément chose d'État, il entre dans le domaine légitime du pouvoir social. Les associations les plus puissantes ne sont pas parvenues à l'établir intégralement. Elles n'ont fait que l'ébaucher.

Mais aux associations il appartient d'étendre jusqu'aux adultes l'enseignement élémentaire. Il leur appartient aussi, dans les divers ordres d'instruction, de maintenir, en face de l'État, certaines écoles, certains établissements scientifiques, littéraires ou artistiques qui ne permettent pas aux autorités scolaires de s'endormir et qui parfois introduisent dans les méthodes d'enseignement des innovations hardies dont profitent plus tard les établissements publics.

Les associations se développent surtout dans les pays où le sentiment de la liberté est très ancien, très vif et très éclairé : en Suisse, en Angleterre et aux États-Unis. Là on voit des universités fondées par de simples particuliers, maintenues par des associations sans aide de l'État, des hôpitaux, des asiles pour les vieillards et les infirmes qui ne doivent leur existence qu'à des contributions volontaires. Au sein de l'union américaine, on voit même d'immenses églises instituées et organisées par les efforts librement concertés de leurs fidèles, églises, il est vrai, très nombreuses et appartenant à des communions très diverses, ce qui soustrait l'État à la crainte d'être opprimé par une d'elles.

En France, nous sommes loin d'être aussi avancés. Notre passé pèse sur nous. Cependant, sous la troisième République, le nombre des associations s'est sensiblement augmenté. Tous les jours il s'en constitue qui sollicitent la reconnaissance comme établissements d'utilité publique, ce qui leur permet de recevoir des dons et legs, et beaucoup l'obtiennent.

Parmi les plus utiles, nous citerons la ligue de l'enseignement fondée par Macé, l'association pour l'avancement des sciences, l'alliance pour la propagation de la langue française, la société pour le patronage des libérés, la société pour le sauvetage de l'enfance, la ligue de la prévoyance et de la mutualité. Quelques-unes de ces associations ont déjà pris un accroissement considérable.

VI. — Utilité des Associations mixtes.

Les associations mixtes sont caractérisées par un double mobile, mobile individualiste et mobile philanthropique : le désir pour chacun de ses membres d'améliorer sa situation et la recherche d'une certaine amélioration sociale qui intéresse un vaste groupe d'êtres humains ou même l'humanité tout entière. Les deux résultats, poursuivis sous l'empire de ce double mobile, sont liés de telle manière que l'un des deux ne peut être atteint sans que l'autre le soit aussi. Le mutualiste qui par sa prévoyance s'assure un secours en cas de maladie ou d'accident, le coopérateur qui se ménage des consommations à meilleur marché, le syndiqué industriel qui défend son salaire ou son profit, le syndiqué agricole qui se procure des instruments ou des engrais dans des conditions plus avantageuses, sentent, plus ou moins vaguement, qu'ils ne travaillent pas pour eux seuls, qu'ils tendent, par leurs efforts, à augmenter la sécurité de tous, à transformer le commerce, à rendre moins dur le sort de ceux dont le labeur contribue à créer le bien-être général.

§ 1. — SOCIÉTÉS DE SECOURS MUTUELS.

Parmi ces associations les moins contestées et les moins contestables sont les sociétés de secours mutuels. Il est bien clair que si tous les travailleurs prélevaient une faible part de ce qu'ils dépensent en choses nuisibles ou inutiles pour s'affilier aux mutualités qui leur ouvrent leurs bras pour les protéger dans les moments de la vie les plus difficiles, la misère reculerait peu à peu et un immense progrès serait réalisé.

Il y a aujourd'hui en France environ 10,000 sociétés de secours mutuels qui comprennent environ 1,500,000 membres dont 1,250,000 participants et plus de 200,000 membres honoraires. Leur avoir monte à plus de 200 millions. Elles servent 2 millions et demi de rentes à plus de 38,000 personnes. Ce ne sont pas là des quantités négligeables. Mais c'est encore bien insuffisant. Ces sociétés devraient comprendre dix ou douze millions de membres. La Ligue de la prévoyance et de la mutualité, fortement organisée depuis quelques années, ne désespère pas d'y arriver. Elle y arrivera d'autant mieux, selon nous, qu'elle comptera plus sur elle-même que sur l'État, qu'elle s'appliquera à perfectionner les méthodes, les procédés, les calculs nécessaires pour le fonctionnement régulier de la mutualité, qu'elle ne se bornera pas à faire une œuvre de sentiment, mais qu'elle fera une œuvre de science, car la science, ici comme dans les assurances sous forme de sociétés commerciales, joue un rôle essentiel, d'autant mieux enfin qu'elle donnera à la propagande libre plus d'essor par les réunions, les conférences, les publications et par contre qu'elle attachera moins de prix aux subventions des pouvoirs publics. Les subventions extérieures se payent cher, quelque séduisantes qu'elles soient, par les sollicitations qu'elles exigent et l'énervement qu'elles produisent.

Entre autres exemples qui peuvent encourager les mutualistes, il est bon de citer l'œuvre accomplie par les associations fraternelles d'assurance aux États-Unis. Ces associations alimentées uniquement par les versements de leurs membres, rivalisent avec les meilleures compagnies d'assurances. Fondées principalement par les ordres ou loges maçonniques, elles ont pour but de mettre les familles de leurs affiliés à l'abri du besoin, si ceux qui les soutiennent viennent à disparaître. Elles disposent de capitaux considérables. En 1892, cinq d'entre elles ont distribué 120 millions aux familles de leurs adhérents éprouvées par la perte de leurs chefs[1].

1. Voir communication de M. Eugène Rochetin au Congrès des sociétés savantes tenu à Paris en avril 1897 (*Officiel* du 23 p. 2,373).

§ 2. — SOCIÉTÉS COOPÉRATIVES.

Les sociétés coopératives sont des sociétés où les mêmes personnes confondent en elles des qualités qui, dans le jeu ordinaire des phéno-

rares et réussissent difficilement. En France, les trois sortes de sociétés sont représentées, mais les plus importantes et les plus nombreuses sont les sociétés de consommation.

Nous avions chez nous, en 1895, près de 1,200 sociétés de consommation. Tous les départements, à l'exception de cinq, en possèdent. Les départements qui en ont le plus sont la Seine (131), la Charente-Inférieure (124), le Rhône (90), Saône-et-Loire (81), le Nord (57). Dans ce total, les boulangeries figurent pour près de moitié (45 pour 100). Le nombre des sociétaires connus était, en 1893, de 250,000. Il est probable qu'il est en 1897 d'environ 300,000. L'almanach de la coopération française relevait, en 1895 pour l'année 1893, un capital de 11 millions de francs appartenant à 356 sociétés et un total de ventes effectuées par 306 sociétés s'élevant à 74 millions.

En Angleterre, le nombre des sociétés pour 1893 était de 1,831, le nombre des membres de 1,278,000, leur capital de 372 millions, leur bénéfice net de 112 millions et le montant de leurs ventes s'élevait à 1,238 millions. Depuis 1883, leur capital avait augmenté de 93 pour 100 et le nombre de leurs membres de 86 pour 100. De pareils chiffres nous montrent le chemin qu'il nous reste à faire.

Les sociétés de crédit françaises, en 1895, étaient au nombre de 149 dont 23 banques populaires et 126 caisses agricoles. Paris possédait 3 banques populaires et Toulouse également 3. Les caisses agricoles étaient dispersées dans toute la France, opérant d'ailleurs dans un rayon assez étroit. La région pyrénéenne est singulièrement favorisée sous ce rapport. Nous en avons compté 46 dans les départements des Hautes et Basses-Pyrénées, près du tiers du nombre total. A ces sociétés locales ou régionales, on doit joindre deux sociétés de propagande pouvant jouer le rôle de sociétés centralisatrices : le

pératives ouvrières de production, sans compter deux banques spécialement affectées aux sociétés de production, l'une à Paris, l'autre à Lyon. Ce qui domine parmi elles, ce sont les maçons (8 sociétés), les ébénistes et menuisiers (8 sociétés), les imprimeurs (5 sociétés), les boulangers, les peintres, les charpentiers (4 sociétés pour chacun de ces groupes). On doit signaler aussi 66 sociétés coopératives agricoles, les unes pour la production, les autres seulement pour la vente en commun de leurs denrées. La plupart de ces sociétés ont pour objets le lait, le beurre, le fromage, l'huile, le vin.

Enfin, la participation aux bénéfices, qui est une sorte d'acheminement vers l'association intégrale est pratiquée, malgré les difficultés très réelles du contrôle, dans 248 établissements industriels, financiers ou commerciaux et même dans quelques rares établissements agricoles : laiterie Sévigné à Vitré (Ille-et-Vilaine), domaine de Grévy (Gironde).

Pour mieux apprécier les services que peuvent

rendre les sociétés coopératives, il faut considérer à part chacun de leurs groupes.

Dans les sociétés de consommation, il y a non pas suppression, mais diminution des intermédiaires ou emploi d'intermédiaires moins onéreux. Entre le producteur et le consommateur, il faut bien toujours un ou deux intermédiaires, le marchand en gros et le détaillant, mais le marchand en demi-gros et les commissionnaires, qui facilitent les ventes et prélèvent sur elles un bénéfice, peuvent souvent être supprimés.

Dans les très petites sociétés qui sont à leur début, on n'évite pas les achats en demi-gros; mais, par contre, le débit au détail se fait gratuitement par les coopérateurs travaillant à tour de rôle. C'est ainsi que les équitables pionniers de Rochdale ont commencé. Dans les grandes sociétés, les administrateurs et les détaillants sont rémunérés, mais on achète tout en gros. En outre, chaque acheteur au détail, étant en même temps associé, prend part à l'administration de la société, il se rend compte des frais de gestion et naturellement cherche à les réduire le plus possible. Il prend part aussi aux bénéfices en proportion de ses achats, de sorte que, si les prix ont été haussés au delà du strict nécessaire, il reprend comme associé ce qu'il a donné en trop comme acheteur.

Alors même que les sociétés coopératives de consommation n'ont pas une grande extension, par le fait seul qu'il en existe et qu'il est possible d'en créer de nouvelles, elles servent de frein aux exigences des fournisseurs. On peut ainsi, par exemple, combattre les prétentions excessives des bouchers et des boulangers, par un moyen bien préférable à la taxe municipale, au double point de vue de la justice et de l'efficacité, et en fait ce résultat a été souvent obtenu par les boulangeries coopératives.

Dans les sociétés de crédit, le grand avantage de la coopération, c'est que les créditeurs et les crédités, par suite même des liens qui les unissent, se connaissent entre eux. On peut donc distribuer, sans trop d'incertitude et sans trop de risques, le crédit personnel à ceux qui le méritent par leur travail, leur exactitude, leur esprit d'ordre et de probité.

Enfin, dans les sociétés de production, les plus difficiles de toutes à fonder et surtout à faire durer, chaque associé, directement intéressé au succès de l'entreprise, s'efforce, s'il est intelligent et s'il a un bon caractère, de contribuer à sa prospérité. Sans doute, dans les entreprises patronales, l'intérêt du patron et l'intérêt de l'ouvrier, bien compris, ne sont pas aussi opposés qu'on le croit et souvent même sont d'accord, mais cet accord n'est pas aussi sensible, aussi apparent, aussi clair que dans la société coopérative où la main-d'œuvre souffre ou profite immédiatement de la tournure que prennent les affaires sociales.

Un avantage propre à toutes les sociétés coopératives, c'est de communiquer à un grand nombre de personnes la connaissance des choses pratiques. Le rôle du travailleur, soit comme consommateur, soit comme crédité ou comme producteur, est plus personnel, moins machinal.

Il comporte, à plus haute dose, l'indépendance et la responsabilité, c'est-à-dire un accroissement de dignité. N'oublions pas non plus que, dans ces sociétés, la plupart des membres sont animés d'un double mobile, le mobile individuel et le mobile philanthropique. Il y a là un sentiment moral, des visées humanitaires qui ennoblissent le travail et qui aident à supporter bien des épreuves.

Un certain nombre de préjugés, de fausses conceptions, de tendances irréfléchies compromettent le fonctionnement normal et l'extension légitime des sociétés coopératives.

La première condition pour remplacer les intermédiaires actuels par des intermédiaires moins nombreux et moins onéreux, c'est de comprendre le rôle véritable des intermédiaires. Il ne faut pas s'imaginer qu'ils ne rendent aucun service et qu'ils font des gains énormes, sans se donner beaucoup de peine. Combien j'ai vu périr de magasins coopératifs par le mépris mal justifié du travail des épiciers ! On s'apercevait trop tard qu'il n'est pas facile de bien acheter des denrées, de les bien conserver, de les diviser en petites portions, selon les besoins de l'acheteur, sans diminuer et sans augmenter la quantité promise.

Si l'on veut faire prospérer une société de crédit, il ne faut pas rêver le crédit gratuit; il faut être bien persuadé que la rémunération des capitaux est juste et nécessaire, qu'elle peut s'abaisser, mais non disparaître, que les capitaux « sympathiques », versés par des personnes moralement attachées à l'œuvre entreprise, ne sont pas à dédaigner, mais qu'ils ne peuvent jamais être très considérables et que, s'ils l'étaient, ils enlèveraient aux coopérateurs leur indépendance, ils en feraient des assistés.

Si l'on veut créer et maintenir pendant un certain temps une société coopérative de production, il ne faut pas vouloir se passer de toute hiérarchie, il faut savoir obéir aux chefs qu'on a choisis et le choix de ces chefs doit être dicté par des considérations pratiques. L'esprit de camaraderie ne doit pas être trop écouté. Il faut écarter résolument les beaux parleurs, les gens à la langue dorée, les envieux, les intrigants et se fier aux hommes d'action qui, d'ordinaire, sont peu aptes à se faire valoir, mais manifestent leur valeur réelle par leur conduite. Il faut être bien convaincu que des trois éléments de la production, le capital, c'est-à-dire le travail accumulé, le talent, c'est-à-dire le travail intellectuel, et la main-d'œuvre, les deux premiers sont aussi indispensables que le troisième et qu'il faut en tenir compte, sous peine de ruine.

Enfin, ces sociétés ne doivent pas attendre de l'État qu'il vienne à leur secours, si elles sont en déficit. Une pareille attente les énerve et les pervertit. Elles ne doivent pas solliciter à la légère des dégrèvements d'impôts et, même quand ces dégrèvements sont justifiés, sous certaines conditions, il n'est pas toujours bon qu'elles en profitent.

La jurisprudence administrative exempte, avec raison, de la patente les sociétés coopératives de consommation qui ne vendent pas à d'autres qu'à leurs membres, parce que se vendre à soi-même, ce n'est pas faire acte de commerce. Mais, pour profiter de cette immunité, les sociétés ne doivent pas avoir d'adhérents ; le premier venu pouvant être adhérent moyennant une faible somme, vendre aux adhérents, c'est vendre au public. D'un autre côté, sans adhérents les sociétés ne s'accroissent pas vite, parce que les adhérents sont en quelque sorte la pépinière des associés. Si donc une société coopérative de consommation ne veut pas rester confinée dans un petit cercle, si elle veut s'étendre, il vaudra mieux pour elle accepter sur ce point l'assimilation avec les sociétés commerciales ordinaires et payer patente.

Quelque bien organisées et dirigées qu'elles soient, les sociétés coopératives ne parviendront pas à supplanter complètement les entreprises commerciales, financières ou agricoles régies par des individus isolés, par des sociétés civiles ou des sociétés commerciales.

L'imagination, l'esprit d'innovation, l'audace

manquent souvent aux associations. Ces qualités sont propres à des individus isolés ou à une élite. Les grandes réunions d'hommes sont conservatrices. De plus, pour tenter des entreprises hardies, il faut faire une large part au capital. Les sociétés coopératives ont au contraire une tendance à restreindre cette part. Elles n'y peuvent parvenir qu'en s'abstenant de courir de grands risques. Elles sont plus aptes à tirer un bon parti des choses qui existent qu'à créer des choses nouvelles.

Les sociétés coopératives, dans les affaires qu'elles traitent, n'étendent pas leurs vues au delà du cercle de leurs associés, si ce n'est pour accroître leur nombre. Elles n'envisagent pas le grand public, ce public dispersé sur toute la surface du globe. L'ensemble de la situation économique leur échappe. Découvrir les ressources là où elles se cachent, constater les besoins là où ils se font sentir, les faire naître même dans certains cas, voilà une œuvre très utile, très humanitaire dans le meilleur sens du mot, parfois grandiose, que les sociétés coopératives peuvent difficilement accomplir et qui semble réservée aux initiatives individuelles du haut commerce ou aux sociétés constituées conformément à l'ancien type et animées de l'esprit commercial.

Si nous portons nos regards dans un sens tout à fait opposé, à l'autre extrémité du monde économique, nous apercevons le petit commerce et la petite industrie. Ce petit commerce et cette petite industrie ne sont pas morts, malgré la concentration qui s'opère dans les usines et les grands magasins. Peut-être même pourraient-ils être revivifiés par le progrès des inventions mécaniques. Les forces motrices sont susceptibles d'être divisées et, dans de certaines conditions, distribuées à domicile. Le petit commerce et la petite industrie ne sont donc pas condamnés d'une manière absolue. Ils auront toujours un rôle à jouer, rôle plus ou moins restreint mais utile. Ils permettent le travail en famille. Une surveillance plus exacte et plus assidue, un soin plus attentif donné aux livraisons, des égards plus marqués pour la clientèle compensent quelquefois et pourraient compenser souvent, dans ces petits ateliers et ces petits magasins, ce qui leur manque sous le rapport des capitaux, des approvisionnements et des aptitudes techniques.

Il n'est donc pas possible, et j'ajoute il n'est pas désirable, de voir les sociétés coopératives envahir tout le domaine économique. De même que les sociétés coopératives servent de frein aux prétentions excessives des sociétés commerciales et des fournisseurs ou entrepreneurs individuels, de même ceux-ci par leurs exemples, par leur concurrence, par les plaintes dont ils se font l'écho mettent en garde les sociétés coopératives contre certains abus inhérents à toutes les institutions humaines : les négligences, les malfaçons, les gaspillages, les tromperies, le favoritisme.

§ 3. — SYNDICATS.

Les syndicats créés en France par la loi du 22 mars 1884 sont, de toutes les sociétés mixtes, celles dont l'utilité est la plus contestée, parce qu'elles sont les plus militantes et se montrent souvent perturbatrices et agressives. Il convient cependant de ne pas les condamner en bloc. Il importe de ne pas confondre toutes les espèces de syndicats et, dans chaque espèce de syndicat, de distinguer les actes très diversement appréciables des syndiqués.

Sans atteindre l'énorme puissance des « trades-unions » anglaises qui sont beaucoup plus anciennes et jouent un rôle analogue, les syndicats français ne laissent pas de tenir une assez grande place dans notre organisme social.

Leur progression mérite d'être remarquée :

Il y en avait 549 en 1885 ;
— 740 — 1886 ;
— 1,358 — 1887 ;
— 5,146 — 1895.

Au 1er juillet 1895, le nombre des syndiqués était de près de 980,000, répartis de la manière suivante :

419,000 pour les syndicats ouvriers ;

130,000 pour les syndicats de patrons ;

31,000 pour les syndicats mixtes comprenant à la fois des ouvriers et des patrons ;

400,000 pour les syndicats agricoles[1].

Ces syndicats forment assez fréquemment des unions. On comptait, en 1895, pour les syndicats patronaux 38 unions comprenant 672 syndicats, pour les syndicats ouvriers 79 comprenant 1,191 syndicats avec près de 335,000 membres et, pour les syndicats agricoles 17 unions comprenant 821 syndicats.

Le personnel des syndicats agricoles est celui qui s'est le plus augmenté depuis 1893. L'accroissement du personnel des syndicats ouvriers, très rapide au début, s'est un peu ralenti dans les dernières années.

Nous n'insisterons pas sur les syndicats mixtes. Ils ont eu peu de succès. Leur personnel

1. En 1897, d'après la Revue de la prévoyance et de la mutualité (n° d'août), 1,700 syndicats agricoles avec 680,000 syndiqués.

représente seulement 3 pour 100 du total. Les syndicats patronaux ont une plus grande importance. Ils ont aidé à la fondation de quelques bonnes œuvres : écoles professionnelles, bibliothèques, caisses de prévoyance et de retraite, etc. Ils se préoccupent surtout de protéger, dans un sens assez étroit, leurs intérêts professionnels, d'obtenir des dégrèvements d'impôts ou des droits protecteurs, de poursuivre les concurrences déloyales ou irrégulières, comme par exemple celle des personnes exerçant la médecine sans avoir les titres exigés par la loi. Quelquefois ils cherchent à maintenir les prix de certains produits par la restriction de la production. Il est permis de regretter que leur sollicitude ne se porte pas davantage sur le choix des meilleures méthodes, sur la recherche des débouchés, sur les règlements et les tarifs d'ateliers, qui seraient le plus conformes à la justice sans nuire à la prospérité de l'industrie.

Les syndicats agricoles ont concouru à la fondation de sociétés de crédit, à la création de champs d'expériences, de cours et de conférences. Ils ont aidé à combattre le phylloxera : dans ce but, ils ont établi des pépinières de plants américains. Ils fournissent aux cultivateurs, ou leur permettent d'obtenir par leur intervention, des engrais chimiques d'une teneur vérifiée. Ils leur donnent des indications sur l'emploi rationnel des engrais. Beaucoup s'efforcent de faciliter la vente des produits agricoles dans les villes, sans subir les exigences de certains intermédiaires. Ce sont là à coup sûr des services de premier ordre. On leur reproche, par contre, de favoriser çà et là une politique réactionnaire, d'être parfois animés d'une sorte d'esprit féodal. On pourrait leur reprocher à plus juste titre la propagation de fausses doctrines économiques tendant à provoquer, par l'usage immodéré des tarifs de douane et l'emploi d'une monnaie dépréciée, la hausse artificielle des prix. Ils font des efforts louables pour créer le crédit agricole, mais ils paraissent ignorer que la première condition du crédit agricole, comme du crédit commercial et du crédit public, c'est le respect absolu des engagements pris par le débiteur. Pour le paysan, comme pour le grand propriétaire rural qui a conservé les mœurs des anciens seigneurs, le créancier c'est l'ennemi. On ne reconnaît ses droits qu'avec répugnance, on élude, par tous les moyens possibles, les obligations contractées envers lui. Les capitaux de nos jours rapportent peu. Ils ne manqueront pas à l'agriculture quand la signature d'un cultivateur vaudra celle d'un commerçant.

Les préjugés et les fausses conceptions ne règnent pas moins dans les syndicats d'ouvriers industriels que dans les syndicats agricoles. Ils y sont même plus graves, plus tenaces, plus funestes. Dans un milieu plus mobile et plus ardent, accessible aux politiciens de toutes sortes, depuis les orateurs les plus habiles jusqu'aux charlatans les plus grossiers, ils suscitent des manifestations passionnées qui parfois dégénèrent en violences.

Les syndicats ouvriers peuvent rendre de

grands services. Grâce à eux, l'infériorité de l'ouvrier en face de la puissance patronale disparaît. Isolé, l'ouvrier ne compte pour ainsi dire pas. Sans doute le libre jeu des forces économiques le protège à la longue. L'abondance des capitaux, les progrès de la technique industrielle, le nombre croissant des chefs d'entreprise qui recherchent la main-d'œuvre, l'abaissement du prix des denrées qui rend les besoins moins pressants, tout cela profite à l'ouvrier tôt ou tard ; mais l'effet n'est pas immédiat, un certain intervalle s'écoule entre les progrès nouveaux et leur influence sur le bien-être des travailleurs. Cet intervalle, très long jadis, de moins en moins long par suite du mouvement plus rapide des choses humaines, les syndicats peuvent l'abréger en donnant aux réclamations des ouvriers une force qu'elles n'auraient pas sans eux.

Les syndicats peuvent par le choix judicieux de leurs chefs entretenir avec bien des patrons de bonnes relations, profitables aux deux parties. Il leur suffit de mettre à leur tête des hommes honorables, appartenant à leur profession, initiés aux difficultés de l'industrie, doués de bon sens et d'une certaine perspicacité, animés de l'esprit de conciliation, ce qui n'exclut pas la fermeté, comprenant que la vie est un échange perpétuel de services réciproques. Il y en a plus qu'on ne croit parmi les ouvriers, seulement ce n'est pas toujours eux qu'on choisit. Avec de tels choix, les conflits sont rares. S'ils ont lieu, l'opinion publique penche du côté des syndiqués et l'expérience montre que, si l'on a l'opinion publique avec soi, en cas de conflit, les chances de succès sont décuplées. L'opinion publique leur sera d'autant plus favorable que, tout en exigeant sans défaillance l'accomplissement des conditions auxquelles ils se sont engagés, ils observeront eux-mêmes le respect loyal du contrat de louage, respect facile car ce contrat est généralement de courte durée.

A l'aide des ressources dont ils disposent, ressources souvent considérables, comme nous le voyons dans certaines grèves, maintenues à grands frais pendant de longs mois, les syndicats peuvent créer des caisses de chômage pour permettre à ceux qui, pour des raisons indépendantes de leur volonté, se trouvent sans travail, de chercher et d'attendre un autre emploi. Ils peuvent accorder des secours de route à ceux qui sont obligés de quitter le pays. Ils peuvent contribuer à la fondation de sociétés coopératives et de sociétés de secours mutuels. Ils peuvent même s'intéresser à des œuvres morales, former des bibliothèques rudimentaires, instituer des cours ou des conférences.

Sans s'élever si haut, ils peuvent créer des bureaux de placement faisant une concurrence utile à ceux qui existent sous une autre forme. Ils peuvent prendre l'initiative de bourses du travail, bourses ouvertes aux patrons comme aux ouvriers, car une bourse, qui n'est pas accessible aux acheteurs comme aux vendeurs, peut être un centre d'agitation ou de propagande, ce n'est pas une bourse servant à déterminer le prix des choses. Ils peuvent enfin intervenir utilement dans toutes les questions qui concernent les accidents industriels, la durée du travail, le repos hebdomadaire, le travail de nuit, le travail des femmes et des enfants. Dans toutes ces questions, si le législateur doit intervenir, et tout le monde est d'avis qu'il le doit quand il s'agit des enfants, ils fourniront des indications précieuses. Si le législateur s'abstient, et le plus souvent cette abstention est raisonnable, ils peuvent mieux que lui, par des résolutions qui n'ont pas le caractère uniforme et rigide des prescriptions législatives, tenir compte des nécessités économiques propres à chaque industrie et à chaque localité, de la concurrence au dehors, des aptitudes des populations laborieuses, des résultats obtenus par l'emploi des machines, du bien-être des travailleurs et de leurs besoins comparés avec leur salaire, comparaison d'où résulte tantôt qu'un effort plus vigoureux s'impose, tantôt qu'une certaine détente est désirable en vue d'un plus grand loisir.

Quand tous les moyens de conciliation sont

épuisés, ou quand la conciliation dès le début paraît impossible, la grève est la ressource suprême des ouvriers pour faire triompher leurs revendications. Jadis, la grève était interdite. Depuis la loi de 1864, elle est permise, mais l'association préalable à la grève, jusqu'en 1884, restait soumise aux mêmes règles restrictives que les autres associations. Aujourd'hui les syndicats ont le droit de préparer, d'organiser et de diriger la grève. C'est alors qu'ils peuvent rendre des services décisifs s'ils sont à la hauteur de leur tâche.

Dans tous les pays, nous voyons en parcourant les statistiques qu'un certain nombre de grèves réussit, que d'autres aboutissent à une transaction et qu'un grand nombre, au moins aussi considérable, échoue. Pourquoi ces succès et pourquoi ces échecs? Parce que tantôt la situation économique comporte soit une diminution de la durée du travail, soit une augmentation de salaire, soit un abaissement momentané, soit le *statu quo*. Étudier avec soin cette situation, sans idée préconçue, sans passion, en consultant, non des agitateurs professionnels ou accidentels, mais des hommes compétents, telle est la tâche principale, tel est le devoir impérieux des syndicats. Par leurs études, par leurs enquêtes, par leur perspicacité, par leurs conseils judicieux, ils épargneraient des millions inutilement dépensés à l'ensemble de la société et d'atroces souffrances à leurs camarades. Une grève entreprise à bon escient et sagement conduite est une œuvre de justice qui améliore le sort des ouvriers. Toute autre grève est une cause de trouble, de misère et de ruine.

En fait, les syndicats actuels ont-ils rempli le programme que nous venons de tracer? Il est permis d'espérer qu'ils le rempliront un jour, mais on est obligé de reconnaître qu'ils ne l'ont rempli jusqu'ici que d'une manière très imparfaite. Sans doute, dans un grand nombre de cas, ils se sont conduits avec sagesse. Ces bons exemples sont trop peu remarqués : ils n'attirent pas l'attention du public et de la presse, ils ne frappent pas l'imagination, parce que l'intervention des syndicats, quand elle est opportune et efficace, ne donne pas lieu à des événements dramatiques. Mais trop souvent aussi l'activité syndicale a été maladroite et funeste, ou même systématiquement malfaisante.

On a vu maintes fois les syndicats ouvriers combattre à outrance les patrons, sans motif légitime, les surprendre par de brusques cessations de travail contraires aux principes du louage de services, les gêner dans les moments difficiles et aggraver ainsi, au préjudice de tout le monde, les crises industrielles, leur témoigner, sous n'importe quel prétexte, leur méfiance, leur mépris et leur haine. On a été témoin de leurs efforts pour égaliser les salaires, ce qui détruirait l'émulation et condamnerait au chômage les ouvriers médiocres, pour écarter, autrement que par la supériorité du travail des syndiqués, la concurrence des apprentis, des femmes, des étrangers. On a suivi, dans toutes ses péripéties, l'histoire lamentable des ouvriers persécutés, avec un acharnement odieux, pour avoir commis le crime de ne pas vouloir faire partie d'un syndicat. On a assisté enfin à ces terribles grèves commencées sans une étude préalable des conditions du marché, soutenues par un amour-propre aveugle, fomentées par des politiciens en quête d'un mandat législatif ou tout simplement cherchant à augmenter le tirage de leur journal.

La liberté des syndicats, qui est une des formes de la liberté d'association, aboutit par de tels agissements à la tyrannie syndicale. Armés de l'article 1382 du Code civil qui oblige toute personne à réparer le dommage qu'elle a causé par sa faute, consacrant par cette formule une règle d'équité supérieure universellement reconnue, les tribunaux ont réprimé, dans ses manifestations les plus excessives, cette tyrannie syndicale, mais ils n'ont pas étouffé les préjugés et les passions qui en sont la cause première et jusqu'à un certain point l'excuse.

Les chefs les plus ardents et souvent hélas ! les plus influents semblent ignorer que l'intérêt ou le profit du capital est la rémunération d'un travail ancien. Ils ne tiennent pas compte du travail de l'entrepreneur qui a eu l'initiative de l'entreprise, qui en a le souci et la responsabilité, travail sans lequel rien ne réussirait et qui mérite d'être payé. Ils ne comprennent pas le rôle de la direction technique et l'indispensable nécessité de la discipline. Ils se figurent qu'un ouvrier en vaut un autre, que l'habileté, l'assiduité, l'exactitude ne justifient pas des salaires plus élevés. Ils ne se doutent pas de la répercussion de la hausse des prix sur la consommation, s'imaginant que les ressources des consommateurs sont indéfiniment extensibles, ne voyant pas que si, par des salaires exagérés ou de toute autre manière, on renchérit les produits, le cercle des débouchés se rétrécit et que la production elle-même est compromise, que les chômages augmentent et, avec les chômages, la misère. Ils envisagent enfin, comme but définitif, l'absorption de l'industrie par l'État, ou par une autorité quelconque munie du pouvoir coercitif, procédant, pour les moindres détails de la vie publique et privée, par voie de réquisition et de contrainte. Les syndicats ne sont pas pour eux un instrument pacifique de progrès, destiné à améliorer le sort des travailleurs par leurs propres efforts sagement concertés, sans porter atteinte à la liberté de personne, mais une machine de guerre dressée contre la société issue de la révolution de 89, pour abattre tout ce qui s'oppose à la dictature du prolétariat, c'est-à-dire en réalité pour faire place à une oligarchie démagogique plus oppressive qu'aucune des oligarchies, des monarchies et des théocraties connues dans l'histoire, qui écraserait sous son poids toute espèce d'initiative individuelle et qui forcerait l'humanité à repasser péniblement par toutes les périodes, glorieuses sans doute, mais douloureuses de son évolution.

Que les syndicats se débarrassent peu à peu de ces préjugés, de ces tendances subversives, de ces chimères, si peu séduisantes vues de près, et alors ils pourront rendre des services incomparablement supérieurs à ceux qu'ils rendent déjà, au travers de tant d'aberrations.

VII. — Avenir des Associations.

Si le fondateur de l'école sociétaire, Charles Fourier, se réincarnait, selon sa croyance, et reparaissait dans le monde, le spectacle qu'il aurait sous les yeux ne lui causerait pas une satisfaction sans mélange, mais il ne serait pas complètement déçu et, sur bien des points, il aurait la joie de constater que ses prévisions se sont réalisées.

Les phalanstères qu'il avait rêvés ne sont pas établis. Il n'y en a qu'un seul à ma connaissance dans notre pays, le phalanstère de Guise et encore celui-là n'est-il pas conforme à toutes les idées du maître. A l'étranger, s'il y en a, il y en a fort peu. La vie en commun, malgré ses avantages très réels au point de vue hygiénique et gastronomique, n'a pas exercé une attraction assez forte pour abolir ou amoindrir l'amour du

« home », du chez soi, pour écarter la crainte de la promiscuité.

Le commerce, que Fourier avait en horreur, n'est pas estimé comme il devrait l'être. Sans aller jusqu'à dire comme M. de Villèle en 1822, qu'il est « honni dans toute la France, excepté à Marseille », il faut reconnaître qu'il est de toutes parts, dans les chambres, dans la presse, dans les romans, dans les salons, l'objet de critiques incessantes. Les familles le considèrent comme un pis-aller pour leurs fils. Il subsiste néanmoins. On flétrit les commerçants sous le nom d'intermédiaires, mais on s'en sert parce qu'on ne peut s'en passer.

La morale telle que l'entendent les civilisés, morale qui consiste à contenir et à régler ses passions, n'était pas moins odieuse à Fourier que le commerce. Ici encore, il a échoué. On ne croit pas, comme il essayait de le persuader autour de lui, que le libre essor des passions, même dans un cadre social renouvelé, aboutisse jamais à l'harmonie. On ne croit pas beaucoup non plus, malheureusement, à l'action de l'homme sur lui-même, mais le déterminisme, qui supprime le libre arbitre, ne pousse pas au libre essor des passions, il affirme la nécessité des freins, freins extérieurs tout au moins, tels que ceux qui résultent d'une bonne éducation et de la pression de l'opinion publique. La morale déterministe, tout autant que la morale spiritualiste dont se moquait Fourier, cherche à contenir et à régler les passions, seulement elle ne compte pas, pour y parvenir, sur l'effort individuel.

Le travail attrayant paraît toujours une utopie. Personne ne propose, pour curer les égouts, l'emploi des petites hordes composées d'enfants robustes et hardis ayant le goût de la saleté. Les intermittences fréquentes du travail, du repos et du plaisir, les changements continuels d'occupations dans la même journée, qui étaient, dans la pensée de Fourier, les conditions indispensables de l'attraction, ne semblent pas conciliables avec les nécessités de l'agriculture et de l'industrie.

Il semble même, au premier abord, que le

progrès du machinisme rende le travail de moins en moins attrayant, car la surveillance d'une machine comporte une moins grande dose d'initiative personnelle que le travail à la main. Mais il ne faut pas perdre de vue que le machinisme exige, en se développant, un plus grand nombre de constructeurs d'engins mécaniques et de mécaniciens et que ceux-ci ne font pas un métier monotone, qu'ils ont souvent à déployer toutes les ressources d'un esprit aiguisé et toutes les énergies d'un caractère viril. Le conducteur de diligence transformé en conducteur de locomotive n'a certes pas perdu en dignité. Il lui faut être, dans ce nouvel emploi, plus alerte, plus vigilant, plus intelligent qu'il ne l'était jadis. Non seulement le rôle et le nombre des mécaniciens s'est accru, mais, avec les progrès des sciences, de leurs applications et du bien-être général, un phénomène semblable se manifeste pour tous les ouvriers de précision, notamment pour les horlogers et les opticiens.

Quant aux travaux purement intellectuels, les

plus épuisants et les plus attrayants de tous, tels que les travaux scientifiques, artistiques et littéraires, il est incontestable qu'ils occupent aujourd'hui plus de monde qu'autrefois. Les esprits chagrins trouvent même qu'ils en occupent trop. A vrai dire, il y a, dans toute espèce de travail, mêlés dans des proportions différentes, un élément d'attrait et un élément répulsif. L'attrait tend à augmenter lentement, l'élément répulsif tend à diminuer sans disparaître ; il est et il restera longtemps encore sans doute l'élément prédominant pour presque tous les métiers.

Aussi les apôtres de la coopération les plus enflammés et les plus confiants, ceux qui se rapprochent le plus de l'école sociétaire, ont abandonné l'idée du travail attrayant. Ils parlent dans leurs rêves d'avenir, non du travail attrayant, mais du travail ennobli par l'idée du devoir, par le sentiment de la solidarité et, quelles que soient leurs illusions, ce ne sont pas là de vaines paroles, sans appui et sans portée.

Qu'est-ce donc qui réjouirait Fourier s'il

pouvait voir ce qui s'est passé depuis sa mort, c'est-à-dire depuis soixante ans ? Ce serait le développement extraordinaire des associations de toutes sortes, même en France où leur rôle est plus modeste qu'en Angleterre et qu'en Amérique.

La même personne, avec des ressources très restreintes, peut faire partie à la fois d'un syndicat, d'une société de secours mutuels, d'une société coopérative, d'une société civile ou commerciale, ne serait-ce qu'à titre d'actionnaire, d'une association religieuse ou philosophique, d'une association politique ou charitable, d'une association littéraire, artistique ou scientifique. Cette possibilité devient de plus en plus grande, par suite de la diminution de durée du travail productif, sans amoindrissement de la production, et comme chacune de ces associations prend à l'associé une partie de son temps, de son activité, de son argent, il en résulte que les séries imaginées par Fourier, séries engrenées comme il les appelle, c'est-à-dire communiquant les unes avec les autres, séries trop systématisées, trop étroitement réglées par lui, se retrouvent en quelque manière dans l'organisme social actuel.

On peut entrevoir le jour où pas un homme ne sera dépourvu d'un appui, privé d'un centre sympathique dans son labeur, dans ses achats et ses ventes, dans ses opérations de crédit, dans ses études et la satisfaction de ses besoins moraux et intellectuels, dans ses misères, dans ses infirmités, dans sa vieillesse et aux approches de la mort. Qu'est-ce qui éloigne ce jour et le relègue dans un lointain encore fort obscur? Qu'est-ce qui arrête le plein épanouissement de l'esprit sociétaire et mutuelliste?

On accuse souvent de ce retard notre législation. Elle est en effet fort incohérente. Tantôt compliquée à l'excès, tantôt simplifiée au point d'être rudimentaire, elle maintient sous le régime de l'autorisation les associations de l'ordre moral et intellectuel et elle accorde aux syndicats des privilèges qu'envieraient des associations plus paisibles. Si on parvenait à l'améliorer, ce qui est sinon impossible, du moins très difficile, comme nous l'avons montré plus haut, ce serait un grand bienfait. Je ne crois pas cependant que là soit la cause essentielle des lenteurs que nous regrettons. La jurisprudence armée des principes du droit commun comble bien des lacunes de nos lois et la tolérance administrative permet une très large liberté.

La cause du mal est dans nos mœurs, dans nos habitudes d'esprit, dans nos tendances intimes, dans cette espèce de religion de la force qui a si longtemps et si cruellement sévi de par le monde, qui avait perdu de son prestige il y a quelques années, qui a été ravivée par les compatriotes de Bismark et qui a dominé de nouveau dans tous les pays, à la suite des victoires de l'Allemagne.

L'habitude de faire une part dans les budgets privés aux œuvres d'intérêt général, si rare autrefois, s'est répandue peu à peu, dans une faible mesure il est vrai, mais dans une mesure appréciable. Sous ce rapport, il y a progrès.

Malheureusement, ce ne sont pas toujours les œuvres pacifiques et bienfaisantes qui en profitent. Certaines congrégations et certains syndicats qui ont cela de commun qu'ils tendent, par des moyens différents, à la domination et à l'asservissement de leurs propres membres, en attendant qu'ils puissent asservir l'humanité, ces congrégations et ces syndicats trouvent parfois des ressources qui font défaut aux sociétés de secours mutuels et aux sociétés coopératives. De même que la mauvaise monnaie chasse la bonne, les groupements autoritaires étouffent les associations libres. La liberté ne suffit pas à ceux qui espèrent dominer. Quand on a le culte de l'État-Providence et qu'on croit pouvoir tourner en sa faveur cette providence omnipotente, on ne se donne pas la peine de se concerter à ses risques et périls, dans un but utile, pour se fortifier et se défendre sans aspirer à la tyrannie.

Nous arrivons à cette conclusion que le pire ennemi de l'association, c'est le socialisme, le socialisme révolutionnaire surtout, mais aussi le socialisme si cher aux docteurs d'outre Rhin, le socialisme d'État. Nous devons à l'État, en tout temps, notre respect, sauf à discuter les limites de ses attributions légitimes. Nous lui devons notre dévoùment le plus entier quand il est l'organe de la patrie en péril. Mais l'État tout puissant et tout absorbant, c'est une idole qu'on ne peut adorer sans se dégrader et s'amoindrir.

Pour qui se préoccupe des destinées de l'humanité, l'idéal n'est pas l'État ou toute autre autorité coercitive, ce n'est pas non plus l'anarchie qui nous ramènerait à l'état sauvage et qui serait, sous une autre forme cent fois pire que l'État, le règne de la force. L'idéal, c'est l'association libre. Cet idéal ne sera pas d'ici longtemps, d'ici très longtemps pleinement réalisé, il ne le sera peut-être jamais. Mais un idéal, même inaccessible, n'en est pas moins une source de lumière et de chaleur, il a une vertu directrice et impulsive. Fourier, au milieu de ses fantaisies, mêlant à quelques idées raisonnables et ingénieuses une foule d'absurdités, a eu, en somme, une juste vue de l'avenir.

Une lueur a pénétré dans les ténèbres de son cerveau et cette lueur grandissante, dégagée des brumes qui ont failli l'éteindre, peut être pour nous l'aurore d'une ère nouvelle.

ÉPILOGUE

L'ESPRIT RELIGIEUX.

I. — L'homme en face de la mort.

L'effort individuel, l'intervention du pouvoir social, l'association libre, ce sont de puissants moyens pour combattre la misère, la maladie, l'ignorance, le crime et même, dans une certaine mesure, le vice ; mais leur efficacité, quelque grande qu'elle soit déjà, est encore bien insuffisante et en la supposant portée à son apogée, elle ne ferait pas disparaître tous les maux dont souffre l'humanité. Supposez que la guerre, l'ivrognerie, la débauche, les violences, les calomnies, les maladies épidémiques et contagieuses aient disparu, que les accidents et par suite les mutilations, les blessures, les infirmités, les maladies de toutes sortes, corporelles et mentales, soient réduites à un minimum décroissant, résultats qui peuvent sembler chimériques aujourd'hui, il restera toujours dans la vie humaine quelque chose de dur, la nécessité de l'effort, et quelque chose d'atroce, ce que la Bible appelle « le roi des épouvantements », la mort, la mort avec ses angoisses, les inquiétudes causées par la perspective de l'au delà, les séparations de ceux qui s'aiment, les longs deuils qui assombrissent tout autour de nous, les pertes dont on ne se console jamais, les vides qu'on ne remplit pas.

II. — Vains remèdes au mal suprême.

Contre cette forme suprême du mal y a-t-il un remède ?

L'étourdissement, le divertissement, selon l'expression de Pascal ? C'est indigne de nous, comme de ceux que nous pleurons, et d'autres maux peuvent s'ensuivre.

La fusion de notre personnalité dans le grand tout de l'univers ou de l'humanité, dans le nirwâna du Bouddhisme ou la communauté des collectivistes? C'est l'abdication, la déchéance, sans profit réel pour la société humaine, car avec un ensemble d'êtres déchus on ne peut avoir qu'une humanité abaissée.

La résignation philosophique? Elle suffit à certains hommes d'élite et même parfois, par une sorte d'instinct naturel, à des hommes du peuple, à des travailleurs manuels, à de simples paysans. Mais elle émousse la sensibilité, elle fait perdre à l'homme, ou elle atténue en lui, ce par quoi il est grand, l'horreur du mal, l'aspiration vers le mieux. Les stoïciens ont donné de beaux exemples, ils ont créé à Rome d'admirables caractères, des types d'hommes et de femmes inaccessibles à la peur. Renfermés en eux-mêmes, contents d'avoir préservé leur dignité personnelle, ils n'ont pas rayonné autour d'eux, ils n'ont pris qu'une faible part aux transformations du monde. Marc-Aurèle, malgré sa culture intellectuelle et sa grandeur d'âme, n'eut pas le souci de l'avenir: il laissa l'empire en proie à son fils Commode.

Et puis, la résignation philosophique se lie, d'une manière indissoluble, à l'idée de nécessité, et cette idée, après réflexion, on ne peut l'accepter sans réserve. Est-ce que tous les phénomènes mondains nous semblent nécessaires? Ils s'enchaînent, ils se suivent dans un ordre invariable, mais les lois en vertu desquelles cet enchaînement a lieu ne sont pas toutes nécessaires. Nous concevons qu'elles auraient pu être autres.

Quand la résignation se joint à l'idée qu'un être ou des êtres supérieurs disposent des destinées de l'homme et de l'ensemble des choses elle prend un caractère religieux.

III. — L'esprit religieux. — Ses dangers.

Ce n'est pas sans produire de grands maux que l'idée religieuse, ainsi associée à la résignation, apparaît dans l'homme.

La résignation et l'adoration peuvent conduire à un optimisme aveugle, à un fatalisme inerte, à une soumission absolue qui empêche de voir le mal, ou le fait considérer comme un bien, s'oppose à tout effort pour le supprimer ou l'amoindrir, à toute innovation, à tout progrès. Avant de se résigner, sous l'empire d'une idée religieuse, on cherche le plus souvent, il est vrai, à écarter le mal, mais par des moyens surnaturels. On veut obtenir par la prière, par des cérémonies expiatoires, par des holocaustes, par des formules magiques, la richesse et d'autres biens matériels qui sont et doivent être le prix, non de la piété, mais d'autres vertus et d'une activité rationnellement réglée.

Quand les peuples secouent leur inertie, c'est par l'introduction de principes moraux supérieurs aux principes régnant et ces principes dissolvent ou tout au moins affaiblissent la religion ancienne. Ainsi le christianisme primitif qui était à l'origine une protestation contre les doctrines pharisaïques. Ainsi la réforme du XVIe siècle qui était une protestation contre la vente des indulgences. Ainsi la révolution française qui était une protestation contre les abus du régime féodal et monarchique. Tous ces grands événements ont eu pour cause des conceptions morales nouvelles et pour effet l'ébranlement du pouvoir ecclésiastique qui leur était hostile.

L'idée religieuse est de sa nature immense, d'une portée infinie, elle s'empare de l'homme puissamment, elle l'envahit tout entier, le pénètre, l'enivre et, comme elle n'est pas susceptible de preuves absolument démonstratives et que néanmoins elle produit des convictions très énergiques, elle a une tendance presque irrésistible vers les persécutions, les oppressions. De là tant de discordes, tant de supplices, tant de conflits sanglants, tant de misères, tant de reculs, tant d'obstacles au développement des sciences et des principes sociaux.

Les Églises, presque partout et presque toujours, se sont mises du côté des oppresseurs contre les opprimés. Elles ont soutenu les gouvernements de droit divin contre la souveraineté nationale, la royauté absolue contre la royauté parlementaire, la monarchie ou la dictature contre la république, combattu la liberté de conscience, la liberté des cultes, la liberté de l'enseignement, tant qu'elles en ont eu le monopole, la liberté de réunion, la liberté de la presse, tous les affranchissements, y compris celui des nègres, en un mot tout l'ensemble de notre droit public.

Il faut reconnaître que la religion n'a été trop souvent que la divinisation du mal : l'homme a incarné ses vices, ses colères, ses rancunes, ses convoitises, ses envies, ses haines dans le dieu qu'il imaginait.

IV. — Ses bienfaits et son développement progressif.

Heureusement pour un observateur impartial, les éléments malsains et malfaisants que nous avons signalés, ne constituent pas à eux seuls la religion tout entière. Des millions d'hommes ont souffert ou ont péri pour cause de religion. Des centaines de millions ont été soutenus dans la lutte contre le mal, consolés dans leurs misères, leurs chagrins, leurs souffrances, leurs deuils, élevés au-dessus d'eux-mêmes, ravis vers un haut idéal par la foi religieuse.

La religion n'a pas été toujours un obstacle au progrès. En Angleterre, en Amérique, les partisans les plus fermes de la liberté ont été très religieux. En Allemagne, Luther a émancipé les consciences et l'émancipation des consciences a conduit à la libre pensée. En France même, sans compter les Huguenots, les disciples de Rousseau et, dans une certaine mesure, les disciples de Voltaire, beaucoup de républicains, et non des moindres, au XIXe siècle, Lamennais, Lamartine, Victor Hugo, Jean Reynaud ont été spiritualistes.

L'esprit religieux ne doit pas être confondu avec telle ou telle religion. Il y a une évolution religieuse comme il y a une évolution sociale. Les religions répugnent au changement, mais elles changent malgré elles, peu à peu, elles meurent même et elles sont remplacées par d'autres moins imparfaites.

Le paganisme des Grecs faisant une si grande part, dans ses divinisations, au génie, à l'héroïsme, à la sagesse, à la beauté, a été un progrès sur les cultes fétichistes ou naturalistes.

Le christianisme montrant comme le sommet sublime où l'homme se rapproche de Dieu une vie humble, modeste, pure, consolatrice et pacificatrice, couronnée par le sacrifice suprême, par une mort ignominieuse sur un gibet, mort glorifiée désormais, a été certainement un progrès sur le paganisme.

La réforme faisant dépendre le salut, non d'œuvres extérieures commandées et réglées par une autorité indiscutable, mais de la rénovation intérieure, du sentiment qui porte l'homme à s'abstenir du mal, à aimer ses semblables, à se dévouer pour eux, à entrer en communication avec Dieu par la lecture des livres sacrés, par la méditation, par la prière, par l'amour de celui qui, aux yeux de ses fidèles, avait reçu un reflet de la divinité, la Réforme recommandant à ses disciples de sonder les écritures et de les interprêter librement, d'obéir à la voix de la conscience, non aux ordres du dehors, la Réforme était un progrès, comparée au catholicisme qui tendait à substituer au sentiment intérieur les œuvres mortes, commandées par l'Église et à étouffer l'autonomie humaine. Sans doute, dans la pensée des réformateurs, les bonnes œuvres n'étaient pas la cause du salut, elles en étaient le signe. Inconsciemment on s'efforçait d'avoir le signe du salut qu'on déclarait ne pouvoir atteindre sans un décret de Dieu.

Et, dans le sein même du protestantisme, quelle évolution ! Quelles manifestations variées de l'idée religieuse, depuis les dogmes les plus antipathiques à la raison, jusqu'aux doctrines limitrophes de la philosophie la plus hautement rationnelle, jusqu'au spiritualisme le plus épuré !

V. — L'abus ne justifie pas l'exclusion.

Les abus de l'esprit religieux sont certains, ils sont criants. Bien aveugles sont ceux qui ne les voyent pas et bien coupables ceux qui cherchent à les voiler. Mais on a abusé des choses les plus belles, les meilleures, les plus saintes. Au nom de la liberté on a fait les massacres de septembre, comme on avait fait la Saint-Barthélemy au nom de la religion. Au nom de la démocratie républicaine et socialiste, on a fait les journées de juin et la Commune, comme on avait fait la Ligue au nom de la démocratie catholique. Faut-il proscrire la liberté et la démocratie?

Nous avons vu naguère, au nom de la justice, de prétendus justiciers dénoncer et vilipender d'honnêtes gens, sans preuves, pour s'amuser, pour amuser le public, pour le plaisir de duper les imbéciles, pour satisfaire leurs rancunes et pour gagner de l'argent par le débit de leurs journaux. Faut-il proscrire l'idée de justice et les justiciers qui, en dehors de la magistrature officielle, dénoncent sincèrement, courageusement et avec clairvoyance, des désordres non réprimés?

Au nom des associations syndicales, institution

excellente en elle-même, nous voyons des groupes de travailleurs enjôlés par des politiciens, qui veulent contraindre leurs camarades, par les injures, les vexations, les huées, les violences à faire partie de leur syndicat, à se mêler à une grève, malgré le désir qu'ils ont de travailler. Faut-il proscrire les associations en général et les syndicats ouvriers en particulier ?

Au nom de la liberté commerciale, on fraude, on tend des pièges aux naïfs, on joue sous prétexte de spéculer. Faut-il proscrire la liberté commerciale et la spéculation raisonnée qui contribuent, d'une manière si efficace, au progrès du bien-être ?

Dans l'ordre familial, les affections les plus légitimes, les plus sacrées peuvent, par l'excès, donner lieu à des abus. Il n'est pas rare, hélas ! de voir des parents gâter leurs enfants et les vouer ainsi à une vie misérable. Ce n'est pas toujours par faiblesse, c'est le plus souvent l'effet d'une affection peu éclairée, irréfléchie, violente. Faut-il proscrire l'amour paternel et maternel ?

VI. — L'esprit religieux dans ses rapports avec la science, la démocratie et le progrès.

L'idée religieuse est compatible avec la science. Les lois de la nature ne sont pas moins immuables pour être l'expression d'une volonté intelligente et infaillible que pour être la manifestation d'une nécessité fatale, d'une force aveugle, d'un hasard plus ou moins heureux. Le miracle n'est pas inhérent à l'idée religieuse et ceux même qui croyent encore aujourd'hui aux miracles, en dehors des masses incultes, ne les admettent qu'à titre exceptionnel: la loi et la science règnent partout en dehors de ces cas extraordinaires.

L'idée religieuse est compatible avec la démocratie, car si on pense que tout pouvoir, directement ou indirectement, vient d'en haut, le pouvoir de la nation, ou plutôt de la majorité sur la minorité, peut tout aussi bien avoir une origine divine que le pouvoir d'un seul homme ou d'une minorité.

L'idée religieuse est compatible avec la liberté : plus vos convictions sont conformes, selon vous, à la parole de Dieu, à la volonté divine, plus leur force d'expansion doit être grande, plus elles doivent porter la lumière dans l'esprit de vos semblables, sans recourir à l'intervention d'une force matérielle. La foi véritable, la foi intime ne peut être le fruit de la contrainte, elle ne peut être que le résultat de la persuasion. Les Églises n'ont pas toujours respecté ces vérités, loin de là. Quand elles veulent imposer leurs dogmes, il faut les faire rentrer dans les limites légitimes de leur action et les obliger à respecter la liberté des autres. Si elles sont inspirées par le pur désir de conserver et de répandre leur foi, elles ne peuvent se refuser à affronter l'épreuve de la libre discussion, sous peine de déchéance morale. En fait, la liberté et la religion ont été souvent en conflit, mais ce conflit n'est pas inévitable, leur incompatibilé ne tient pas à la nature des choses, elle provient seulement de l'imperfection humaine et notamment de ce fait si fréquent que l'on veut croire, mais qu'on a une foi vacillante et qu'on a peur qu'elle soit ébranlée ; c'est là une véritable lâcheté dont les hommes sincèrement religieux doivent se guérir à tout prix.

L'idée religieuse n'est pas incompatible avec l'idée de progrès. Un être perfectible est nécessairement un être progressif, or on ne peut concevoir qu'un être fini ne soit pas imparfait et il est naturel, si l'on croit en Dieu, qu'à défaut d'une perfection impossible, l'être humain ait été créé perfectible. Il n'y a donc rien d'incompatible entre l'idée religieuse et l'idée de progrès. Au contraire, l'être multiple et imparfait se rapproche sans cesse de l'être parfait, sans l'atteindre jamais. Telle l'asymptote qui se rapproche indéfiniment d'une ligne courbe, sauf que l'asymptote est une ligne droite et que la ligne ascensionnelle de l'humanité est plutôt une spirale très inégale, très tourmentée, avec des hauts et des bas, et bien des zigzags.

VII. — Efficacité de l'esprit religieux dans la lutte contre le mal.

L'esprit religieux, dans la lutte contre le mal, produit des effets qui lui sont propres et que rien ne peut suppléer.

Supposons d'abord l'homme en présence de maux inéluctables qui ne dépendent pas de lui, l'homme en face de la mort, ou ce qui est plus terrible encore, au lit de mort d'une personne aimée. Il se sentira consolé, ou du moins de hautes espérances se mêleront à sa douleur, s'il croit, malgré les apparences, qu'il y a au fond des choses un principe de bien, que les maux dont nous souffrons sont transitoires, les uns parce que nous pouvons les combattre, les autres parce qu'ils répugnent à l'ordre général des choses, qu'un être conscient éphémère ne saurait rentrer dans le plan divin, que rien de ce qui est bon ne saurait périr, que le lien de deux êtres qui s'aiment est sacré, qu'il est indestructible, qu'il persiste même après la mort. Le mal apparaît alors non comme essentiellement inhérent à la nature des choses, mais comme accidentel et surmontable, quelles qu'en soient d'ailleurs les origines, la cause et la raison d'être toujours mystérieuses.

Supposons maintenant l'homme en présence de maux qu'il aurait pu éviter, ou qu'il peut éviter, ou qu'il pourra éviter plus tard. L'idée religieuse lui donne le sentiment que ses efforts, en harmonie avec l'ordre universel, ne seront pas vains, qu'ils aboutiront tôt ou tard à un résultat. Elle seule peut-être permettra, quand elle sera suffisamment épurée, d'arriver à l'abolition de cette horrible chose qu'on appelle la guerre, chose si séduisante pour les conducteurs des peuples et pour le troupeau bêlant qui les suit à la recherche de la gloire.

L'avenir est ouvert devant nous. L'être humain se trouve indéfiniment agrandi. La morale du plaisir ne donne pour champ d'action à l'homme que le moment actuel. La morale utilitaire lui donne pour champ d'action toute sa vie. La morale de l'intérêt général le met en communion avec l'humanité tout entière. La morale du devoir lui montre, en lui et au-dessus de lui, une loi qui lui commande sans le contraindre. La morale religieuse va plus loin : elle lui fait entrevoir l'éternité, pour lui, pour les siens, pour les vivants, pour les morts, pour ceux qui ne sont pas encore nés. L'humanité n'est plus une série d'êtres voués au néant, disparaissant dès qu'ils ont un instant brillé, comme une étincelle, mais une progression et un entrelacement d'êtres unis par les liens d'une solidarité étroite, autonomes cependant, ayant chacun leur valeur propre et leur persistance indéfectible.

L'idée religieuse est comme la lumière du soleil et sa chaleur qui animent tout, vivifient tout. L'homme, sous son influence, se sent, selon la parole de l'apôtre Paul, co-ouvrier avec Dieu. Le savant qui cherche la vérité sait bien que, tôt ou tard, il la trouvera, parce que le monde a des lois et que ces lois sont susceptibles d'être comprises par un être intellectuel, elles ne sont pas seulement l'effet du hasard ou l'expression d'une nécessité aveugle. L'artiste qui cherche le beau sent qu'il ne cherche pas une chimère. L'homme d'État, l'économiste, au milieu des complexités, des complications, des antinomies apparentes des choses humaines, ne se décourage pas. La force des choses conspire avec lui. Le travailleur manuel, tous ceux dont la situation est étroite, qui se débattent contre la misère ou la gène, ne se laissent pas aller au désespoir qui suggère les violences; chacun d'eux compte sur lui-même d'abord et sur ses semblables pour l'aider, mais ses efforts sont guidés par une intelligence confiante et non par une passion irréfléchie.

Enfin l'homme appelé à accomplir un acte héroïque, à sacrifier sa vie pour une juste cause, n'obéit pas seulement alors à la voix austère du devoir ni à un noble instinct, il comprend qu'il s'élève dans une région supérieure, que sa personnalité soustraite aux influences de la vie vulgaire, planant au-dessus de toutes les misères de ce monde, plus consciente que jamais, atteint, par le sacrifice, le plus haut sommet de l'être imparfait, mais purifié, agrandi, exalté, associé à l'œuvre divine.

Animés par l'esprit religieux, nous jouissons plus profondément du sourire de la nature et la contemplation du ciel nous ravit plus haut dans la région des grandes pensées, parce que derrière chaque fleur éclose au printemps, chaque arbrisseau teinté de rouge par l'automne et au sein des espaces incommensurables où brillent les astres, il y a pour nous une intelligence qui parle à la nôtre, une tension de l'Être vers le beau et le bien qui nous incline nous-mêmes dans le sens de la sagesse et de l'harmonie.

Heureux ceux qui ont la foi, si cette foi est libre, personnelle, réfléchie, assez forte et assez sûre d'elle-même pour se contenter au dehors, sans menace ni contrainte, de son seul rayonnement!

VIII. — Les rêves paradisiaques et la vie éternelle.

Toute religion a en vue un paradis.

L'ancien judaïsme avait en vue un paradis terrestre et uniquement ce paradis-là. Le socialisme, qui affecte, à certains égards, les allures d'une religion, annonce le même paradis à ses adeptes; seulement il fait dépendre ce paradis non d'une transformation morale, mais d'une révolution économique.

Parmi les chrétiens, beaucoup ne songent au contraire qu'à un paradis céleste, un paradis dans une vie future après la mort.

Quand on relit nos écrivains classiques du règne de Louis XIV, quand on suit avec soin, dans ce chapitre magistral que lui a consacré l'historien Lecky, la propagande méthodiste, on est frappé de voir que la recherche du salut personnel a été la préoccupation presque exclusive des dévots catholiques en France au XVIIe siècle et des méthodistes fervents en Angleterre au siècle suivant.

Une religion supérieure serait celle qui envisagerait à la fois les deux paradis : le perfectionnement de l'individu et de la société ici-bas et au delà de la tombe. *Per transitoria ad æterna*, comme disait Jean Reynaud.

Le paradis céleste envisagé seul amoindrit l'homme, il diminue son activité, il le rend égoïste, il apparaît comme quelque chose de monotone, de froid, de stérile.

Le paradis terrestre envisagé seul étouffe de très hautes aspirations, il donne à l'homme un point de vue étroit, des horizons bas, il est impuissant à consoler ou à calmer les douleurs les plus vives de l'existence.

Il faut avoir, selon l'Évangile, la vie éternelle, et cette vie on commence à la posséder, si on le veut, dès ici-bas. Plus on lutte contre le mal, par tous les moyens qui sont à notre portée, plus on la possède. Cette lutte même, qui n'est pas toujours vaine, fortifie en nous le double sentiment de notre valeur personnelle et de l'harmonie secrète qui se révèle dans le monde à travers tant de discordances. Les béatitudes du sermon sur la montagne promettent la vision de Dieu à ceux qui ont le cœur pur. Kant fait dépendre du devoir l'idée religieuse. La philosophie la plus savante et la religion, dans ses manifestations les plus saintes, se rencontrent sur ces hauteurs. Peu d'hommes les atteignent. Quelques-uns seulement y arrivent par l'élévation de leur pensée et la droiture de leur conscience. C'est déjà beaucoup que de ne pas les perdre de vue et de faire effort pour les gravir.

TABLE DES MATIÈRES

PRÉAMBULE.

PREMIÈRE PARTIE.

L'EFFORT INDIVIDUEL.

DEUXIÈME PARTIE.

LE POUVOIR SOCIAL.

TROISIÈME PARTIE.

L'ASSOCIATION LIBRE.

ÉPILOGUE.

L'ESPRIT RELIGIEUX.

CHARTRES. — IMPRIMERIE DURAND, RUE FULBERT.

www.ingramcontent.com/pod-product-compliance
Ingram Content Group UK Ltd.
Pitfield, Milton Keynes, MK11 3LW, UK
UKHW020129220726
13923UKWH00001B/76

9 782019 198275